大本神諭　第三巻

目次

めぐりあはせ

題字は三代教主出口直日先生筆

明治三十一年旧八月二十七日

艮《うしとら》の金神《こんじん》が出口直《でぐちなお》に書《か》かした筆先《ふでさき》であるぞよ。明治《めいじ》三十一年《ねん》の八月《がつ》の二十七日《にち》の筆先《ふでさき》であるぞよ。

直《なお》よ、モウ時節《じせつ》が参《まい》りたから、神《かみ》の仕組《しぐみ》の致《いた》してある事《こと》が、追々《おいおい》と出《で》て来《く》るぞよ。お直《なお》の傍《そば》へは、真正《しょうまつ》の御方《おかた》が御出《おい》で遊《あそ》ばすから、来《き》た人《ひと》を粗末《そまつ》な待遇《あしらい》いたすでないぞよ。お直《なお》は致《いた》さね共《ども》、あだち殿《どの》は男子《おとこ》の事《こと》であるし、自我《が》も出《で》るし、今《いま》では判《わか》らねども、モウ直《す》ぐに何事《なにごと》も判《わか》るぞよ。

皆《みな》、神《かみ》が経綸致《しぐみいた》して在《あ》る事《こと》で在《あ》るから、誰《たれ》に憑《うつ》りて参《まい》りなさろうやら、人民《じんみん》では判《わか》らんから、皆守護《みなしゅご》のしてある事《こと》であるから、不思議《ふしぎ》な人《ひと》が見《み》えたならば、我《が》を出《だ》さずと、密《ひっ》そりと御話《おはなし》を聞《き》くが宜《よ》いぞよ。徳《とく》の付《つ》く事《こと》であるから、広前《ひろまえ》でも、是《これ》からは変《へん》な人《ひと》が出《で》て来《く》るぞよ。外《ほか》の広前《ひろまえ》には斯《こ》んな結構《けっこう》は無《な》いぞよ。綾部《あやべ》には出口直《でぐちなお》という人《ひと》が在《あ》るゆえ、結構《けっこう》が出来《でき》るのじゃ、漸次判《だんだんわか》りて来《く》るぞよ。変《へん》な人《ひと》が見《み》えたら、低《ひく》う行《ゆ》くが宜《よ》いぞよ。我《が》を出《だ》したら、結構《けっこう》を外《ほか》から取《と》りに来《く》るぞよ。皆《みな》チト確然《しっかり》いたされよ。燈台下暗《とうだいもとくら》し、余所《よそ》から判《わか》りて来《く》るぞよ。夫《そ》れでは、永《なが》らく信仰《しんじん》いたした功能《かいい》が無《な》いぞよ。頭《あたま》を掻《か》く事《こと》が出《で》て来《く》るぞよ。

明治三十一年旧九月三十日

艮《うしとら》の金神《こんじん》が表《おもて》へ現《あら》われたなれば、何事《なにごと》も物《もの》は速《はや》いぞよ。永《なが》らくの経綸《しぐみ》の致《いた》してある事《こと》であるから、一分《いちぶ》一厘間《いちりんま》違《ちが》いないぞよ。此《こ》の筆先《ふでさき》は末代残《まつだいのこ》るので在《あ》るから、書《か》かして置《お》かねば判《わか》らぬから、書《か》きおくぞよ。出口直《でぐちなお》は、斯《こ》の世《よ》に無《な》き零落《おちぶれ》て居《お》る人《ひと》であるが、此《こ》の御方《おんかた》は、斯《こ》の世《よ》の変《か》わり目《め》に、御用《ごよう》を聞《き》かせる身魂《みたま》でありたぞよ。斯《こ》の御用《ごよう》をさせる為《ため》に、苦労《くろう》ばかりがさして在《あ》りたぞよ。此《こ》の事《こと》は、昔《むかし》から無《な》き事《こと》で在《あ》るから、人民《じんみん》の知《し》らぬ事《こと》であるから、中々神《なかなかかみ》も骨《ほね》が折《お》れるぞよ。

人民《じんみん》の疑《うたが》うは尤《もっと》もの事《こと》で在《あ》れども、違《ちが》い無《な》き事《こと》であるから、あだち殿《どの》は此《こ》の御話《おはなし》を、こんこう殿《どの》の方《ほう》へ致《いた》しても、今《いま》では未《ま》だ採《と》り上《あ》げぬから、此《こ》の方《ほう》は神《かみ》の仕組《しぐみ》がして在《あ》る事《こと》があるから、上田《うえだ》と申《もう》す者《もの》が出《で》て来《き》たなれば、其処《そこ》を塩梅能《あんじょう》とりもちて、腹《はら》を合《あ》わして致《いた》さぬと、こんこう殿《どの》にモタレて居《お》りたら、物事《ものごと》が遅《おそ》くなりて間《ま》に合《あ》わぬぞよ。

此《こ》の上《うえ》は、あだち殿《どの》に手柄《てがら》いたさすので在《あ》れども、大望《たいもう》な御用《ごよう》であるから、誠《まこと》の神人《かみ》が御出《おい》で成《な》さらぬと、教役者《とりつぎ》の力《ちから》だけでは行《い》かぬぞよ。筆先《ふでさき》に皆《みな》かかして在《あ》ろうがな。皆仕組《みなしぐみ》の致《いた》して在《あ》る事《こと》じゃぞよ。悔《くや》しき事《こと》もチットは堪《こば》らねば、こんこうどのは結構《けっこう》であれども、万《よろず》のおん神《かみ》、皆宜《みなよ》きように致《いた》さぬと、天下泰平《てんかたいへい》に世《よ》が治《おさ》まらぬぞよ。

世界《せかい》には運否運《うんぷ》が無《な》き事《こと》に致《いた》さぬと、今《いま》までは余《あま》り運否運《うんぷ》が在《あ》りたから、世界《せかい》を洗濯《せんたく》いたし、人民《じんみん》に改心《かいしん》を致《いた》さして、世界《せかい》を桝掛曳《ますかけひ》くのじゃぞよ。改心一《かいしんひと》つで能《よ》く成《な》るぞよ。

悪《わる》き事《こと》を致《いた》すように思《おも》うて何時迄《いつまで》も敵対《てきた》えば、物事《ものごと》が遅《おそ》くなるから、余《あま》りてきたえば、日本《にほん》の国《くに》に何《なに》が在《あ》りても構《かま》わぬぞよ。日本《にほん》の国《くに》は助《たす》けたいと思《おも》うて、神々《かみがみ》様《さま》は大変《たいへん》な御骨折《おほねお》りじゃぞよ。何《なん》にも知《し》らぬ人民《じんみん》には相手《あいて》には成《な》らね共《ども》、余《あま》り敵対《てきた》えば、神《かみ》も堪忍袋《こらえぶくろ》が切《き》れたれば、何事在《なにごとあ》りても神《かみ》は知《し》らんぞよ。判《わか》らんというても、あんまりであるぞよ。

明治三十一年旧十一月五日

艮《うしとら》の金神《こんじん》の御用《ごよう》を聞《き》かせるのは、老人《としより》でも行《い》かず、我《が》の有《あ》る位《くらい》で無《な》いと行《い》かず、我《が》が在《あ》りても神《かみ》の道《みち》では行《い》かず、御用《ごよう》に使《つか》う者《もの》が無《な》いぞよ。口《くち》と心《こころ》と行《おこな》いと違《ちが》わぬ者《もの》でないと、此《こ》の神《かみ》の御用《ごよう》は聞《き》けんぞよ。誠《まこと》を貫《つらぬ》くもので無《な》いと、神《かみ》の御《お》取次《とりつぎ》は出来《でき》んぞよ。

我身《わがみ》が可愛《かわい》い様《よう》な事《こと》では、此《こ》の取次《とりつぎ》は出来《でき》んぞよ。誠《まこと》を貫《つらぬ》く御方《おんかた》が出来《でき》てこんと、斯《こ》の御道《おみち》は拡《ひろ》まらぬぞよ。大勢《おおぜい》無《な》くても誠《まこと》の者《もの》さえ在《あ》りたら、直《す》ぐに拡《ひろ》まるぞよ。誠《まこと》の在《あ》る者《もの》には神《かみ》が力《ちから》を付《つ》けるぞよ。誠《まこと》の者《もの》は神《かみ》が拵《こしら》えてあるぞよ。グズグズして居《お》ると後《あと》の烏《からす》が前《さき》に成《な》りて、残念《ざんねん》な事《こと》が出来《でき》るぞよ。万《よろず》の神《かみ》を皆御《みなご》苦労《くろう》に成《な》りて居《お》るから、物事《ものごと》が速《はや》く解《わか》るぞよ。

今《いま》の綾部《あやべ》の取次《とりつぎ》が、アフンと致《いた》す事《こと》が在《あ》るぞよ。夫《そ》れでは、こんこう殿《どの》へ気《き》の毒《どく》な事《こと》が在《あ》るぞよ。神《かみ》は気《き》を付《つ》けた上《うえ》にも気《き》を付《つ》けるぞよ。是《これ》は慢神《まんしん》からじゃぞよ。

気緩《きゆ》るしは少《ちつ》とも成《な》らぬ御道《おんみち》であるぞよ。

上《うえ》の御神様下《おんかみさました》へ降《くだ》りて御守護《ごしゅご》を成《な》さるから、何《なに》も物事《ものごと》が速《はや》いぞよ。天《てん》も地《ち》も、世界《せかい》が平均《なれる》のであるから、今迄《いままで》の行《おこな》いを致《いた》して居《お》ると、大失敗《すこたん》を喰《く》うぞよ。全部物事《さつぱりものごと》が変《か》わるぞよ。

今迄覇《いまではば》張りて居《お》りた御方《おんかた》、チト気《き》の毒《どく》が在《あ》るぞよ。御用意《ごようい》を成《な》さらんと、慮見《りようけん》が違《ちが》う事《こと》が出来《でき》るぞよ。何《なに》に由《よ》らず物事代《ものごとか》わるから、斯《こ》の世《よ》は誰《たれ》に依《よ》らず、世《よ》を持《も》ち切《き》りには致《いた》させんぞよ。何時《いつ》までも続《つづ》くとは思《おも》うなよ、世《よ》が代《か》わるぞよ。

信心《しんじん》も同《おな》じ事《こと》、後《あと》の烏《からす》が前《さき》に成《な》るぞよ。

慢心《まんしん》いたすと、誰《たれ》に由《よ》らず大怪我《おおけが》が出来《でき》るぞよ。神《かみ》の道《みち》では、慢心《まんしん》と慾《よく》とが一番《いちばん》気障《きざわ》りで在《あ》るぞよ。

金神《こんじん》の世《よ》に成《な》れば、慾《よく》を捨《す》て神《かみ》にもたれた成《な》らば、何《なに》も不自由《ふじゆう》は致《いた》さねども、何《なに》程申《ほどもう》しても聞《き》かしても、誠《まこと》の者《もの》が無《な》き故《ゆえ》に、チットも物事《ものごと》が思《おも》う如《よ》うに行《い》かんのは、我身《わがみ》の心《こころ》が悪《わる》いのじゃぞよ。

我《が》を出《だ》し慢心《まんしん》を致《いた》して、思《おも》うように行《い》かんと、神《かみ》の業《わざ》のように申《もう》して居《お》るが、此《こ》の金神《こんじん》は一言申《いちごんもう》したならば、何《なに》に由《よ》らず違《ちが》いは無《な》い神《かみ》で在《あ》るぞよ。

神《かみ》が申《もう》した事《こと》も、チット延《の》びる事《こと》が在《あ》るなれど、延《の》びるのも神界《しんかい》の都合《つごう》のある事《こと》ぞよ。人民《じんみん》を一人《ひとり》なりと助《たす》けたさに延《の》ばすのであるぞよ。世界《せかい》の人民《じんみん》の改心《かいしん》が出《で》来《き》たなれば、早《はや》く良《よ》く成《な》るし、改心出来《かいしんでき》ずば、永《なが》く苦《くる》しむだけじゃぞよ。

改心一《かいしんひと》つ、是《これ》からは世界《せかい》の洗濯致《せんたくいた》して良《よ》く致《いた》すのであるから、人民《じんみん》の心《こころ》から直《なお》さぬと、神《かみ》の心《こころ》と同《おな》じ事《こと》に成《な》らんから、神《かみ》の心《こころ》に成《な》りたなら、斯《こ》の世《よ》は思《おも》うように成《な》るぞよ。早《はや》く改心致《かいしんいた》されよ。

何程言《なにほどい》い聞《き》かしても、聞《き》かねば聞《き》くように致《いた》すぞよ。

茲《ここ》まで開《ひら》けた斯《こ》の世界《せかい》、何《なん》でも此《こ》の儘《まま》で人民《じんみん》を助《たす》けたいのが願《ねが》いで在《あ》るから、助《たす》けたいと思《おも》えども○○○○○○○○○。

今《いま》の世界《せかい》の人民《じんみん》は、神《かみ》の申《もう》す事《こと》を誠《まこと》に致《いた》さず、神《かみ》を何時《いつ》までも敵対《てきと》うなら、天災《てんさい》で何《ど》の様《よう》な事《こと》が在《あ》りても、神《かみ》を恨《うら》めなよ。

神《かみ》は明治《めいじ》二十五年《ねん》から、毎日《まいにち》お直《なお》に言《い》わして在《あ》るぞよ。是《これ》に落度《おちど》は無《な》かろうぞよ。是程《これほど》に言《い》い聞《き》かしても聞《き》かねば、世界《せかい》には何事《なにごと》が在《あ》ろうやら判《わか》らんぞよ。何事《なにごと》も神《かみ》を恨《うら》めなよ。

今度《こんど》、斯《こ》の世《よ》の立替《たてか》えであるから、世界《せかい》の改《あらた》めを致《いた》すぞよ。昔《むかし》から、斯《こ》の世《よ》始《はじ》まりてから無《な》き世《よ》の立替《たてか》えで在《あ》るから、大望《たいもう》な世替《よが》わりじゃぞよ。人民《じんみん》の知《し》らぬ事《こと》じゃぞよ。

改心致《かいしんいた》せと申《もう》すのは、神《かみ》は身魂《みたま》の改《あらた》めが致《いた》してあるから、改心《かいしん》が出来《でき》ぬと、出直《でなお》しを致《いた》さな成《な》らぬ事《こと》があるから、金神《こんじん》がクドウ申《もう》すのじゃぞよ。現世《このよ》で御役《おやく》に立《た》てる身魂《みたま》と、国替《くにが》えさして使《つか》う霊魂《みたま》と、又神《またかみ》へ引《ひ》き取《と》る霊魂《みたま》と在《あ》るよって、改心《かいしん》致《いた》せば、天地《てんち》の大神様《おおかみさま》へ御詫《おわ》びを致《いた》して遣《や》れば、御赦《おゆる》しあるから、改心《かいしん》いたせと申《もう》すのじゃぞよ。

今度《こんど》の世《よ》の立替《たてか》えは、新《さら》つに致《いた》さねば成《な》らぬから、慾《よく》は要《い》らぬぞよ。慾《よく》を致《いた》して貯《た》めて居《お》りても、新《さら》つの世《よ》に成《な》るので在《あ》るから、神気《かみき》を付《つ》けるぞよ。心次第《こころしだい》、改《かい》心次第《しんしだい》で宜《よ》く成《な》るぞよ。

今《いま》の人民《じんみん》、何《なに》も知《し》らずに居《お》るから、神《かみ》がクドウ申《もう》すのじゃぞよ。今迄《いままで》は、あだち殿《どの》も酷《きつ》い御疑《おうたが》いで在《あ》りたが、モウ解《わか》りて来《く》るぞよ。直《なお》の身上《みじょう》も判《わか》りて来《く》るぞよ。

是《これ》から金神《こんじん》、表《おもて》になりて守護《しゅご》致《いた》すから、物事《ものごと》が速《はや》いぞよ。

日本《にほん》の国《くに》は結構《けっこう》な国《くに》で在《あ》るから、日本《にほん》の人民《じんみん》よ、改心致《かいしんいた》して誠《まこと》の心《こころ》を持《も》てよ。

日本《にほん》の国《くに》は、誠《まこと》を尽《つ》くさな成《な》らぬ国《くに》で在《あ》るから、誠《まこと》を尽《つ》くす人《ひと》なれば、誠《まこと》の花《はな》が咲《さ》く国《くに》で在《あ》れども、遅《おそ》くなるぞよ。誠《まこと》の人《ひと》は、是《これ》からは日本《にほん》の国《くに》は、鏡《かがみ》に出《だ》すぞよ。鏡《かがみ》を見《み》て改心《かいしん》を致《いた》されよ。

今《いま》では誠《まこと》の者《もの》が無《な》けれども、見《み》ておじゃれよ、世《よ》が変《か》われば、誠《まこと》の人《ひと》を拵《こしら》えて、神《かみ》の思《おも》わくを立《た》てて、世界《せかい》を良《よ》くいたすぞよ。

世界《せかい》の人民《じんみん》よ、一日《いちにち》も早《はや》く改心《かいしん》なされよ。それに付《つ》いては、日本《にほん》の人民《じんみん》の改心《かいしん》が第一《だいいち》で在《あ》るぞよ。日本《にほん》の人民《じんみん》さえ改心致《かいしんいた》せば、世界《せかい》は良《よ》い世《よ》になるのじゃぞよ。

綾部《あやべ》の九《ここの》ツ花《ばな》は、誠《まこと》から咲《さ》く花《はな》で在《あ》るから、誠《まこと》の人《ひと》が集《あつ》まりて来《こ》んと開《ひら》かんから、○○○綾部《あやべ》は燈台下暗《とうだいもとくら》しでは、此《こ》の結構《けっこう》な花《はな》が咲《さ》くのに、誠《まこと》が無《な》き故《ゆえ》に、余所《よそ》から御神徳《おかげ》を取《と》りに来《く》るぞよ。此《こ》の事《こと》が判《わか》りかけたなれば、我《われ》も私《わし》もと申《もう》して皆集《みなよ》りて来《く》るが、今《いま》の内《うち》に気《き》が付《つ》かぬと、誠《まこと》のおかげは余所《よそ》へ取《と》られるぞよ。

この世話《せわ》早《はよ》う致《いた》したなれば結構《けっこう》で在《あ》れども、モチト解《わか》らぬので、誰《たれ》も見合《みあ》わして、手《て》を出《だ》せば損《そん》のように、今《いま》では思《おも》うて居《お》れども、今世話《いませわ》を致《いた》さねば、誠《まこと》の世話《せわ》でないぞよ。

是《これ》が判《わか》りて来《き》たなれば、元《もと》の世話掛《せわがかり》は、高見《たかみ》から見物《けんぶつ》いたして居《お》りても良《よ》いように成《な》るので在《あ》れども、人民《じんみん》というものは疑《うたが》いが在《あ》るから、神《かみ》が申《もう》しても誠《まこと》には能《よ》う致《いた》さねども、世界《せかい》の政教《よ》の立替《たてか》えであるから、中々大望《なかなかたいもう》であるから、延《の》びるのじゃぞよ。

日本《にほん》の国《くに》を大事《だいじ》に思《おも》うから延《の》ばすのじゃぞよ。日本《にほん》の脚場《あしば》を余《よ》程強固《ほどしっかり》いたして置《お》かんと、兵糧《ひょうろう》が尽《つ》きる如《よ》うな事《こと》が在《あ》りては成《な》らんから、豊作《ほうさく》を取《と》らしてかかるぞよ。

金神《こんじん》の世《よ》に成《な》りたら、世年《よとし》は良《よ》く成《な》るが、此《こ》の大望《たいもう》が治《おさ》まりたならば、誠《まこと》に都合《つごう》に成《な》るから〇〇〇〇〇。

開《あ》いた口《くち》も閉《すぼ》まらぬ如《よ》うな事《こと》が出《で》て来《く》るぞよ。世《よ》が代《か》わるのであるから、是迄《これまで》に無《な》かりた事《こと》が出来《でき》るぞよ。

日本《にほん》の国《くに》は、是位《これくらい》尊《とうと》い国《くに》という事《こと》を、今度《こんど》世《よ》を切《き》り替《か》えに致《いた》して、表《おもて》に現《あら》われて、三千世界《さんぜんせかい》の政教《よ》を立替《たてか》えて、金神《こんじん》が世《よ》に出《で》るぞよ。

此《こ》の誠《まこと》は、九《ここの》つ花《ばな》の元《もと》じゃぞよ。九《ここの》つ花《ばな》は、誠《まこと》から咲《さ》かせる花《はな》で在《あ》るから、三千《さんぜん》年経綸《ねんしぐみ》を致《いた》した誠《まこと》の花《はな》の本《もと》で在《あ》るから、誠《まこと》の人《ひと》の世話《せわ》でないと、此《こ》の御世話《おせわ》は出《で》来《き》んぞよ。近慾《ちかよく》な事《こと》では出来《でき》ぬぞよ。

是《これ》でも、神《かみ》の経綸《しぐみ》いたした事《こと》で在《あ》るから、成就《じょうじゅ》いたさすぞよ。

明治三十一年旧十二月二十六日

出口直《でぐちなお》に明治《めいじ》二十五年《ねん》に申《もう》してある事《こと》、此《こ》の大望《たいもう》な経綸《しぐみ》の致《いた》して在《あ》ることを、世《せ》界《かい》に一人《ひとり》知《し》りて居《お》ると言《い》い聞《き》かして在《あ》ろうがな。此《こ》の事《こと》が判《わか》りて来《く》るぞよ。

誠《まこと》の人《ひと》は拵《こしら》えて在《あ》るから、此《こ》の誠《まこと》の人《ひと》が出《で》て来《こ》んと解《わか》らんぞよ。此《こ》の人《ひと》が出《で》て来《き》たなれば、直《す》ぐに解《わか》るぞよ。

こんこう殿《どの》の取次《とりつぎ》、豪《えら》そうに申《もう》して居《お》りても、誠《まこと》の御方《おんかた》が御出《おい》でなさりたなれば、後《うしろ》へ寄《よ》りて頭《あたま》を掻《か》いて居《お》る事《こと》が出来《でき》るぞよ。

仕組《しぐみ》が致《いた》して在《あ》る事《こと》であるから、金神《こんじん》は結構《けっこう》で在《あ》れども、気《き》の毒《どく》なのは、こんこう殿《どの》の取次《とりつぎ》であるぞよ。是程金神《これほどこんじん》が気《き》を付《つ》けても、慢心致《まんしんいた》して、こんこう殿《どの》の御《お》骨折《ほねお》りを無視《む》に致《いた》して、何《ど》う申《もう》し訳《わけ》を致《いた》すのじゃ。こんこう殿《どの》へ気《き》の毒《どく》であるぞよ。是《これ》は皆慢心《みなまんしん》から、慢心致《まんしんいた》せば間《ま》に合《あ》わんぞよ。

今《いま》では、艮《うしとら》の金神《こんじん》を別物《べつもの》の如《よ》うに申《もう》して、敵対《てきと》うて御座《ござ》るが、全然《さっぱり》世《よ》の調査《あらため》を致《いた》して、新《あら》たまりての世《よ》に致《いた》すので在《あ》るから、今迄《いままで》の事《こと》を申《もう》して覇張《はば》りて居《お》りても、何《なん》にも成《な》らぬぞよ。

神《かみ》の道《みち》では、教役者《とりつぎ》、皆頭目《みなかしら》を致《いた》して居《お》るものは、チト量見《りようけん》が違《ちが》う事《こと》に成《な》るぞよ。

上下《うえした》へ覆《かえ》るぞよ。気《き》の毒《どく》な御方《おかた》が出来《でき》るぞよ。

余《あま》り慢心《まんしん》を致《いた》して、自分程《われほど》のものは無《な》き如《よ》うに思《おも》うて居《お》りても、世《よ》が変《か》わるから、金神《こんじん》が守護《しゅご》致《いた》して居《お》るから、………誠《まこと》の者《もの》に憑《か》かりて、経綸《しぐみ》が致《いた》して在《あ》るぞよ。

是《これ》から力競《ちからくら》べを致《いた》すぞよ。…………永《なが》らく経綸《しぐみ》いたした事《こと》のはじまりで在《あ》るから、誠《まこと》の人《ひと》を西《にし》と東《ひがし》に立《た》ち別《わ》けて、この金神《こんじん》が憑《か》かりて御用《ごよう》がさして在《あ》るぞよ。此《こ》の事《こと》が判《わか》りて来《く》るぞよ。此《こ》の事解《ことわか》りて来《き》たなれば、三千世界《さんぜんせかい》が一度《いちど》に開《ひら》くぞよ。三千世界一度《さんぜんせかいいちど》に開《ひら》く梅《うめ》の花《はな》、金神《こんじん》の世《よ》に成《な》るぞよと、出口直《でぐちなお》に初発《しよつぱつ》に書《か》かして在《あ》ろうがな。時節《じせつ》が近《ちか》よりたぞよ。永《なが》らくの仕組《しぐみ》の致《いた》して在《あ》る事《こと》であるから、解《わか》りかけたら速《はや》いぞよ。

今度《こんど》は三千世界《さんぜんせかい》の身魂《みたま》の審判《あらため》で在《あ》るから、全然斯《さつぱりこ》の世《よ》が転覆《ひつくり》かえるぞよ。大分心《だいぶしん》配《ぱい》を為《せ》んならん御方《おかた》も出来《でき》るぞよ。

万古末代世《まんごまつだいよ》は持《も》ち切《き》りには致《いた》させんぞよ。けれども綾部《あやべ》に九《ここの》つ花《ばな》が咲《さ》いたなれば、万古末代《まんごまつだい》しおれぬ花《はな》で在《あ》るぞよ。九《ここの》つ花《ばな》のはじまりで在《あ》るから、中々判《なかなかわか》らねども、モウ判《わか》るが近《ちこ》うなりたぞよ。

明治三十二年旧正月十八日

この筆先《ふでさき》は、お直《なお》の手《て》を籍《か》りて、艮《うしとら》の鬼門《きもん》の金神《こんじん》が書《か》くのじゃぞよ。色々《いろいろ》と致《いた》して気《き》を引《ひ》きて見《み》たれども、こんこうの取次《とりつぎ》には誠《まこと》が無《な》いぞよ。モウ一《ひと》つ、出口直《でぐちなお》に御苦労《ごくろう》になりて、神《かみ》が開《ひら》かな開《ひら》けんぞよ。どうぞ熱心《ねっしん》の人《ひと》は、此《こ》の世話《せわ》を致《いた》して下《くだ》されよ。

世話《せわ》に成《な》りたり、世話致《せわいた》したり、持《も》ちつ持《も》たれつの世《よ》の中《なか》であるから、……世《よ》に落《お》ちて居《お》りた神《かみ》が、世《よ》に出《で》る世話《せわ》であるから、初《はじ》まりの世話《せわ》を致《いた》して下《くだ》さりた御《お》方《かた》、名《な》の残《のこ》る事《こと》であるぞよ。名《な》の残《のこ》る世話《せわ》で在《あ》るから、チト気苦労《きぐろう》も在《あ》れども、結構《けっこう》な世話《せわ》で在《あ》るぞよ。

此《こ》の世話《せわ》をさせるものが中々《なかなか》無《な》いので、神《かみ》も気苦労《きぐろう》を致《いた》すぞよ。出口直《でぐちなお》も心《こころ》を病《や》むので在《あ》るぞよ。此《こ》のものなら誠《まこと》がチットは在《あ》ろうと思《おも》うて、気《き》を引《ひ》きて見《み》れば、誠《まこと》のものはチットも無《な》いので、物事《ものごと》が遅《おく》れるのじゃぞよ。

明治《めいじ》二十五年《ねん》に出口直《でぐちなお》に申《もう》して置《お》いたが、神《かみ》、もとは一株《ひとかぶ》であるから、終《しま》いには一《ひと》つに成《な》るぞよ。神《かみ》は一株《ひとかぶ》であれども、取次《とりつぎ》が小《ちい》さい事《こと》を申《もう》して居《お》るが、ソンナ小《ちい》さい事《こと》を申《もう》して居《お》ると、何時《いつ》に成《な》りても神《かみ》の思《おも》わく立《た》たんぞよ。

誠《まこと》の者《もの》は拵《こしら》えて在《あ》れども、誠《まこと》の世話《せわ》を致《いた》して下《くだ》さるものが無《な》いと、大望《たいもう》な事《こと》であるから、物事《ものごと》が遅《おそ》く成《な》りて成《な》らんから、こんこうの取次《とりつぎ》よ、誠《まこと》の世話《せわ》が出来《でき》んなら、是《これ》からモウ一《ひと》つ出口直《でぐちなお》に御苦労《ごくろう》に成《な》りて、是《これ》から直《なお》を連《つ》れ行《ゆ》きて、誠《まこと》の者《もの》に対面《たいめん》さして、誠《まこと》ばかりを寄《よ》して、真正《しょうまつ》の神《かみ》が開《ひら》かな、中々此《なかなかこ》の事《こと》は大望《たいもう》で在《あ》るから、神《かみ》が開《ひら》かな開《ひら》けんぞよ。

出口直《でぐちなお》を、少時《すこし》の間《あいだ》、神《かみ》が連《つ》れ行《い》こうも知《し》れんから、皆《みな》その覚悟《かくご》で居《お》りて下《くだ》されよ。

直《なお》を斬《こ》うして置《お》いては、神《かみ》の思《おも》わく立《た》たんぞよ。出口直《でぐちなお》は、今迄《いままで》は落《お》として御用《ごよう》に使《つこ》うたなれど、モウ斬《こ》うしては置《お》けぬから、チットの間《ま》は、誠《まこと》の所《ところ》へ連《つ》れ行《ゆ》きて行《ぎょう》を致《いた》させねば、誠《まこと》の事《こと》が出来《でき》ぬから、其《そ》の覚悟《かくご》をして下《くだ》されよ。直《なお》を侮《あなど》りて、直《なお》の身《み》に位《くらい》という事《こと》が、綾部《ここ》に置《お》いては付《つ》かんから……。

誠《まこと》の信仰《しんこう》の出来《でき》るものは一人《ひとり》も無《な》いが、是《これ》では誠《まこと》が開《ひら》けんぞよ。直《なお》の心《こころ》は辛《つら》いぞよ。直《なお》の心《こころ》も推量《すいりょう》してやりて下《くだ》され、直《なお》も可愛相《かわいそう》なぞよ。

一言申《ひとこともう》せば、人民《じんみん》というものは堪《こば》りじょうが無《な》いから、直《す》ぐに心《こころ》の底《そこ》が見《み》えるので、直《なお》の心《こころ》の切無《せつな》さ、見《み》て居《お》る金神《こんじん》も辛《つら》いぞよ。モチト神心《かみごころ》に成《な》りて下《くだ》さらんと、中々甘《なかなかうま》い事斗《ことばか》り申《もう》して居《お》りても良《よ》く成《な》らんぞよ。誰《たれ》に由《よ》らずモチト心《こころ》を美《うつく》しゅう持《も》たねば、誠《まこと》は出《で》て来《こ》んぞよ。直《なお》を教会《ここ》に置《お》いては誠《まこと》が出来《でき》んぞよ。誠《まこと》を貫《つらぬ》くのは、誠《まこと》が無《な》いと、誠《まこと》の花《はな》が咲《さ》かんぞよ。近慾斗《ちかよくばか》り申《もう》して居《お》るもの斗《ばか》り、是《これ》では直《なお》が辛《つら》い斗《ばか》り、………其《そ》の方《ほう》へ心《こころ》を引《ひ》かれて、神《かみ》の御用《ごよう》が薄成《うすな》りて、ドウモ成《な》らんから、誠《まこと》の人《ひと》の所《ところ》へ連《つ》れ行《い》くぞよ。

誠《まこと》を貫《つらぬ》くのは、陽気《ようき》や浮気《うわき》ありては貫《つらぬ》けんぞよ。

一人《ひとり》は御用《ごよう》に連《つ》れ行《い》こうも知《し》れんぞよ。誠《まこと》の人《ひと》で無《な》いと、此《こ》の御用《ごよう》は勤《つと》まらんぞよ。

誰《たれ》に由《よ》らず、我《が》を折《お》らんと、此《こ》の御用《ごよう》は我《が》が在《あ》りては、チットも神《かみ》は使《つか》わんぞよ。神《かみ》の御用《ごよう》を聞《き》くのは、我《が》が在《あ》りては行《い》かず、腹《はら》の奥《おく》に確固不抜《しつかり》いたした所《ところ》の在《あ》るものの、上面《うわつら》の優《おと》なしきもので無《な》いと行《い》かず、我《が》が在《あ》りて我《が》を出《だ》さぬものでないと、此《こ》の御用《ごよう》は勤《つと》まらんぞよ。

心《こころ》を曳《ひ》きて見《み》れば、御用《ごよう》に使《つか》うものは中々《なかなか》無いぞよ。然《さ》る代《か》わりに、此《こ》の御用聞《ごようき》いて下《くだ》さりたならば、末《すえ》は結構《けつこう》、直《じき》から甘《うま》い事《こと》はないぞよ。今《いま》の人民《じんみん》は余《あま》り近慾《ちかよく》なから、良《よ》いおかげを取《と》り外《はず》して、気《き》の毒《どく》なものじゃぞよ。チト確《しっか》り致《いた》さんと、恥《は》ずかしい事《こと》が出《で》て来《く》るぞよ。後《あと》の悟悔《こうかい》は何《なん》にも成《な》らんぞよ。改心《かいしん》いたせば、神《かみ》は聞《き》き済《ず》みあれども、中々改心《なかなかかいしん》が出来《でき》んから、是程《これほど》に出口直《でぐちなお》に憑《か》かりて、永《なが》らく申《もう》しても、誠《まこと》が無《な》い故《ゆえ》チットも解《わか》らぬから、判《わか》る処《ところ》へ連《つ》れ行《い》かねば、綾部《ここ》が世《よ》の元《もと》に成《な》るのであるのに、夫《そ》れに斯《こ》んな事《こと》では、どうも仕様《しよう》が無《な》いぞよ。

燈台下暗《とうだいもとくら》し、余所《よそ》の方《ほう》が詳細《くわしい》ことを知《し》りて、肝腎《かんじん》の元《もと》が何《なに》も知《し》らいでは成《な》らんから、是《これ》だけに申《もう》しても、直《なお》を侮《あなず》りて誠《まこと》に致《いた》さんが、気《き》の毒《どく》な事《こと》が出来《でき》ては成《な》らんで在《あ》る事《こと》も在《あ》るから、クドウ気《き》を付《つ》けるのじゃぞよ。四方《しかた》どの、モチト確《しっか》り致《いた》さんと、気《き》の毒《どく》なぞよ。元《もと》で無《な》いか、頼《たの》まれた事《こと》も在《あ》るで無《な》いか、頼《たの》み甲斐《がい》の無《な》い事《こと》じゃぞよ。

明治三十二年旧四月二十二日

あだち殿《どの》に任《まか》して置《お》いては、中々《なかなか》金神《こんじん》は表《おもて》には成《な》らんから、此《こ》の事《こと》は大望《たいもう》で在《あ》るから、誠《まこと》の人《ひと》に世話《せわ》だけ致《いた》して貰《もら》うのじゃぞよ。兎《と》ても、一人《ひとり》や二人《ふたり》でシャチに成《な》りても行《い》かんぞよ。この事《こと》は神《かみ》が仕組《しぐみ》いたして在《あ》る事《こと》であるから、其《そ》の方《ほう》へ行《い》きて世話《せわ》に成《な》りたら、心配《しんぱい》は致《いた》さいでも宜《よ》いぞよ。

此《こ》の事《こと》は、遠国《えんごく》から開《ひら》けると申《もう》して在《あ》ろうがな。早《はよ》う表《おもて》へ出《で》て守護《しゅご》をいたさんと、物事《ものごと》が遅《おそ》くなりて、世界《せかい》の人民《じんみん》が永《なご》う苦《くる》しむぞよ。表《おもて》に成《な》りたら、神激《かみはげ》しくなりて、人民《じんみん》は善《よ》くなるぞよ。陰《かげ》からの守護《しゅご》は、神力《しんりょく》が薄《うす》いから、陽《おもて》になりて助《たす》けるぞよ。

仕事《しごと》も致《いた》さずの信心《しんじん》は、斯《こ》の神《かみ》は嫌《きら》うぞよ。信心《しんじん》は業務《しごと》の間暇《はそば》に出来《でき》るぞよ、出《で》口直《ぐちなお》に是《これ》だけの御用《ごよう》をさしたが、六年程《ろくねんほど》は仕事《しごと》の間暇《はそば》にさしたぞよ。

つぎの神諭は「神霊界」誌大正六年十一月号に発表されたもので、本文の前に、『明治三十二年旧四月十二日、皇神は出口開祖の御手を借りて、上田喜三郎茂穎《しげかい》に送り玉いし御神文也、左に謹録す』と注釈がつけられている。

明治三十二年旧四月十二日

艮《うしとら》の金神《こんじん》の筆先《ふでさき》で在《あ》るぞよ。明治《めいじ》三十二年《ねん》の四月《がつ》十二日《にち》の筆先《ふでさき》であるぞよ。

世界《せかい》には追々《おいおい》と大望《たいもう》がはじまるぞよ。

この大望在《たいもうあ》るゆえに、出口直《でぐちなお》に明治《めいじ》二十五年《ねん》から言《い》わしてあるぞよ。

この大望《たいもう》が在《あ》るのに、未《ま》だこんこう殿《どの》の教役者《とりつぎ》が、今《いま》に艮《うしとら》の金神《こんじん》を敵対《てきと》うて居《お》りては、世《よ》が開《ひら》けんから………、こんこう殿《どの》は天地《てんち》の大恩《たいおん》を教《おし》え在《あ》りたなり、是《これ》から艮《うしとら》の金神《こんじん》が表《おもて》に成《な》りて、世《よ》に落《お》ちて御出《おい》で坐《ま》す神様《かみさま》を世《よ》に出《だ》して、三千世界《さんぜんせかい》を神国《しんこく》に致《いた》すのであるから、中々大望《なかなかたいもう》であるから、人民《じんみん》の知《し》らぬ事《こと》を、出口直《でぐちなお》に大望《たいもう》な御用《ごよう》さして居《お》る故《ゆえ》、神《かみ》は一同《いちどう》の事《こと》で在《あ》るから、神《かみ》は承知《しょうち》であれども、人民《じんみん》の知《し》らぬ事《こと》で在《あ》るよって、直《なお》が苦《くる》しみて居《お》るから、よろしく頼《たの》むぞよ。

仕組《しぐみ》いたして在《あ》る事《こと》であるから、世界《せかい》から皆出《みなで》て来《く》るぞよ。

明治三十二年旧六月三日

艮《うしとら》の金神《こんじん》の筆先《ふでさき》で在《あ》るぞよ。明治《めいじ》三十二年《ねん》の旧六月《きゅうがつ》の三日《みっか》に書《か》いたのであるぞよ。

艮《うしとら》の金神《こんじん》が御礼申《おんれいもう》すぞよ。永《なが》らくの経綸《しぐみ》いたした事《こと》の初発《はじまり》であるぞよ。上田喜《うえだき》三郎殿《さぶろうどの》、大望《たいもう》な御世話《おせわ》が能《よ》う出来《でき》たぞよ。御礼《おんれい》には御都合《ごつごう》の事《こと》じゃぞよ。九曜《くよう》の紋《もん》を一《ひと》つ殖《ふ》やしたのは、神界《しんかい》に都合《つごう》の在《あ》る事《こと》じゃぞよ。今《いま》は言《い》われぬ、此《こ》の事成就《ことじょう》《じゅ》いたしたら、御礼《おんれい》に結構《けっこう》にいたすぞよ。綾部世《あやべよ》の本《もと》、金神《こんじん》の大本《おほもと》と致《いた》すのじゃぞよ。

艮《うしとら》の金神《こんじん》はチト経綸《しぐみ》が大《おお》きなから、此《こ》の方《ほう》で世話《せわ》に成《な》らねば開《ひら》けんのじゃぞよ。

あだち殿《どの》、宜《よ》い徳《とく》が戴《いただ》けるぞよ。腹《はら》を合《あ》わして拡《ひろ》めて下《くだ》されよ。老母《としより》や子供《こども》二人の事《こと》は、心配《しんぱい》は致《いた》さいでも宜《よ》いぞよ。

改心《かいしん》なされよ。我《が》を出《だ》したならば、直《す》ぐに気付《きつ》け致《いた》すぞよ。誰《たれ》に由《よ》らず、慢心《まんしん》と我《が》を出《だ》さぬように致《いた》して下《くだ》されよ。慢心《まんしん》いたすと怪《け》我《が》が出来《でき》るから、宜《よ》く成《な》りても慢心《まんしん》を致《いた》すで無《な》いぞよ。

明治三十二年旧六月九日

艮《うしとら》の金神《こんじん》が表面《おもて》に成《な》りたならば、こんこう殿《どの》の教会《ひろま》は、うでくりかえるぞよ。上田殿《うえだどの》に手柄《てがら》さすぞよ。結構《けっこう》な御用《ごよう》をさすぞよ。此《こ》の人《ひと》が直《なお》の誠《まこと》の力《ちから》に成《な》る御方《おんかた》であるぞよ。直《なお》よ安心《あんしん》いたされよ。

澄子殿《すみこどの》の事《こと》は、心配《しんぱい》は致《いた》さいでも宜《よ》いぞよ。チント仕組《しぐみ》が致《いた》して在《あ》るぞよ。艮《うしとら》の金神《こんじん》が仕組《しぐみ》いたした事《こと》は、何時《いつ》に成《な》りても、毛筋程《けすじほど》も違《ちが》わぬ経綸《しぐみ》であるぞよ。直《なお》よ、御歓《おんよろこ》びが近《ちこ》うなりたぞよ。御歓《おんよろこ》び結構《けっこう》。

明治三十二年旧六月十日

直《なお》の御世継《およつぎ》は、末子《ばっし》のお澄殿《すみどの》であるぞよ。

因縁《いんねん》ありて上田喜三郎《うえだきさぶろう》、大望《たいもう》な御用《ごよう》を致《いた》さすぞよ。然《さ》る代《か》わりに、御大将《おんたいしょう》に致《いた》さすぞよ。此《こ》の御方《おんかた》を直《なお》の力《ちから》に致《いた》すぞよ。此《こ》の御方《おんかた》ありたならば、直《なお》は大丈夫《だいじょうぶ》で在《あ》るぞよ。

此《こ》の事《こと》は、艮《うしとら》の金神《こんじん》が経綸《しぐみ》致《いた》してある事《こと》じゃぞよ。此《こ》の誠《まこと》の御用《ごよう》を聞《き》くのは、真心《まごころ》の気《き》の綺麗《きれい》な御取次《おとりつぎ》でないと、誠《まこと》の事《こと》はいたさせんぞよ。上田殿《うえだどの》にはエライ苦労《くろう》は致《いた》させんぞよ。八人《はちにん》は産《う》みの御児《おんこ》なり、総生《そうう》みの児《こ》より結構《けっこう》じゃぞよ。

明治三十二年旧六月二十日

今度御役《こんどおやく》に立《た》てるのは、水晶魂《すいしょうだま》の選《よ》り抜《ぬ》き斗《ばか》り、神《かみ》が憑《うつ》りて参《まい》るぞよ。人《にん》は調《しら》べて在《あ》るぞよ。用意《ようい》を成《な》されよ。

国会開《こっかいびら》きは、人民《じんみん》が何時《いつ》までかかりても開《ひら》けんぞよ。神《かみ》が開《ひら》かな開《ひら》けんぞよ。開《ひら》いて見《み》しょうぞよ。月日《つきひ》も日限《にちげん》も、チント致《いた》して在《あ》るのじゃぞよ。人民《じんみん》は脚下《あしもと》へ火《ひ》が燃《も》えて来《こ》ねば、何《なに》も判《わか》らんから失敗《しくじる》のじゃぞよ。神心《かみごころ》になりたらば、水晶《すいしょう》の如《ごと》くに判《わか》るぞよ。

金明界《きんめいかい》が開《ひら》けたなれば、水晶《すいしょう》の世《よ》に成《な》るのじゃぞよ。早《はよ》う改心《かいしん》いたしたものは、早《はよ》う良《よ》く成《な》るぞよ。何時《いつ》までも疑《うたご》うて居《お》るものは、永《なご》う苦《くる》しみて、後《あと》で縋《すが》りて来《こ》ねば成《な》らぬぞよ。

明治三十二年旧七月三日

出口直《でぐちなお》と清吉殿《せいきちどの》を地《ち》に致《いた》して、綾部《あやべ》世《よ》の元《もと》といたし、斯《こ》の世《よ》に無《な》き結構《けっこう》を致《いた》さすぞよ。

駿河《するが》の本部《ほんぶ》は御手柄《おてがら》いたさすぞよ。次《つぎ》には上田喜三郎殿《うえだきさぶろうどの》、大手柄者《おおてがらもの》だぞよ。出口《でぐち》直《なお》は結構《けっこう》が解《わか》るぞよ。

上田喜三郎殿御世継《うえだきさぶろうどのおよつぎ》、澄子殿修行《すみこどのぎょう》なされよ。是《これ》から修行《ぎょう》に掛《か》からすぞよ。

明治三十二年旧六月十八日

四方平蔵《しかたへいぞう》どの、大望《たいもう》な御世話《おせわ》をして下《くだ》されて、誠《まこと》に結構《けっこう》で在《あ》るぞよ。万古末代名《まんごまつだいな》の残《のこ》る御世話《おせわ》であるぞよ。この事成就《ことじょうじゅ》いたしたら、御礼申《おんれいもう》すぞよ。

此《こ》の事《こと》は、未《ま》だ斯《こ》の世《よ》はじまりてから無《な》き事《こと》で在《あ》るから、今《いま》では誰《だれ》も誠《まこと》に致《いた》さなんだが、モウ是《これ》からは段々《だんだん》と判《わか》りて、斯《こ》の世《よ》の立替《たてか》えに致《いた》して、更《さら》たまりての世《よ》の本《もと》の初《はじ》まりの御世話《おせわ》であるから、誠《まこと》に結構《けっこう》でありたぞよ。此《こ》の事《こと》は人民《じんみん》では判《わか》らんから、こんこう殿《どの》の方《ほう》では判《わか》らんぞよ。綾部《あやべ》で無《な》いと解《わか》らんのじゃぞよ。鷹《たか》ノ栖《す》の四方平蔵殿四十一歳《しかたへいぞうどのしじゅういっさい》の折《おり》、旧《きゅう》五月《がつ》二十四日《か》に御迎《おむか》いに参《まい》りたが、誠《まこと》に結《けっ》構《こう》な御世話《おせわ》を致《いた》して下《くだ》さりた故《ゆえ》に、是《これ》からは艮《うしとら》の金神《こんじん》が表《おもて》になりて、三千世界《さんぜんせかい》を守護《しゅご》致《いた》して、新《さら》つの世《よ》に致《いた》すぞよ。

表《おもて》に成《な》りたなれば、何《ど》んな力《ちから》も出《で》る神《かみ》であるぞよ。今年中《ことしじゅう》には余程判《よほどわか》りて来《き》て、驚愕《びっくり》いたして、フン延《の》びる人《ひと》が大分《だいぶ》出来《でき》るぞよ。気《き》の毒《どく》なものじゃぞよ。慢神《まんしん》を致《いた》すと誰《たれ》に由《よ》らず、大怪我《おおけが》が出来《でき》るぞよ。艮《うしとら》の金神《こんじん》が気《き》を付《つ》けておくぞよ。

平蔵《へいぞう》どの御手柄《おてがら》。

明治三十二年旧六月二十三日

永《なが》らくの間《あいだ》エライ目《め》をさしたが、金神表《こんじんおもて》になりたから、是《これ》から福島寅之助《ふくしまとらのすけ》どの、久《ひさ》どのと御用《ごよう》に使《つか》うぞよ。久《ひさ》どの、モ一《ひと》つ改心《かいしん》を致《いた》して下《くだ》されよ。出口直《でぐちなお》の子《こ》と言《い》われて、恥《は》ずかしく無《な》きように致《いた》して下《くだ》さらんと、直《なお》が心《こころ》を苦《くる》しむと、神《かみ》に気障《きざわ》りが出来《でき》ると気《き》の毒《どく》なから、二人共《ふたりとも》改心《かいしん》を致《いた》して御用聞《ごようき》いて下《くだ》されよ。
是《これ》からは、出口直《でぐちなお》に取次《とりつぎ》はモウさせんから、上田殿《うえだどの》に御用《ごよう》きかして、先《さき》で御世継《およつぎ》と致《いた》すぞよ。福島寅之助殿《ふくしまとらのすけどの》、久《ひさ》どの、神《かみ》の御用《ごよう》が遅《おそ》くなるぞよ。取次《とりつぎ》は沢山《たっぴつい》要るぞよ。

金神表《こんじんおもて》に成《な》りたならば、世界《せかい》の物事早《ものごとはや》いぞよ。ビックリ致《いた》す事《こと》が色々《いろいろ》あるぞよ。結構斗《けっこうばか》りじゃぞよ。

明治三十二年旧七月九日

上田殿《うえだどの》は御苦労《ごくろう》であれども、金明界《きんめいかい》のはじまりであるから、一《ひと》つ力《ちから》を入《い》れて下《くだ》されよ。

上田殿《うえだどの》に申《もう》して在《あ》る事《こと》、違《ちが》わぬぞよ。今度《こんど》御憑《おうつ》りなさるのは、澄子殿《すみこどの》には異《ちが》うが、皆落《みなお》ちて御出《おい》でなされた神様《かみさま》が御憑《おうつ》りなさるから、口切《くちき》りが六《むっ》カ敷《し》いなれど、口《くち》が切《き》れたら、結構《けっこう》な神様斗《かみさまばか》りじゃぞよ。

金明界《きんめいかい》が開《ひら》けるぞよ。綾部《あやべ》を元《もと》と致《いた》して、三千世界《さんぜんせかい》を一《ひと》つにいたして、神国《しんこく》に致《いた》すので在《あ》るから、上田殿《うえだどの》にはチト骨《ほね》が折《お》れるが、心配《しんぱい》は致《いた》さいでも宜《よ》いぞよ。神《かみ》が力《ちから》を付《つ》けるから、惟神的《ぬしがで》に開《ひら》けるぞよ。

艮《うしとら》の金神《こんじん》は本望遂《ほんもうと》げたぞよ。

明治三十二年旧七月二十九日

上谷《うえだに》は結構《けっこう》であるぞよ。修行場《ぎょうば》はチト激敷《はげし》くなるぞよ。世《よ》に落《お》ちて御出《おい》でます神《かみ》様《さま》の、世《よ》に御上《おあ》がり成《な》さるので在《あ》るから、チトは様子《ようす》も異《ちが》うぞよ。

神《かみ》の経綸《しぐみ》いたして居《お》る事《こと》、チットも違《ちが》いは無《な》き事《こと》なれども、判《わか》らんから心配《しんぱい》を致《いた》すのじゃぞよ。出《で》て来《く》る神《かみ》に、手《て》に合《あ》わぬ神《かみ》あるから、別条《べつじょう》は無《な》いぞよ。神《かみ》の言《い》うように致《いた》してやりて下《くだ》されよ。

何程善《なにほどよ》き神《かみ》でも、落人《おちびと》となれば神《かみ》の神格《そなえ》も無《な》くなりて、今《いま》では粗末《そまつ》に思《おも》えども、艮《うしとら》の金神《こんじん》は、斯《こ》の世《よ》一切叶《いっさいかな》える神《かみ》であるから、壅埃《つつぼ》には致《いた》さぬ神《かみ》であるから、何神《なにがみ》が降《さが》りて来《き》たとても、此《こ》の金神《こんじん》に届《とど》け致《いた》して、出口直《でぐちなお》に願《ねが》えば許《ゆる》して貰《もら》える事《こと》を知《し》りて、皆《みな》の落神《おちがみ》が出《で》て来《く》るから、綾部《あやべ》と上谷《うえだに》の行場《ぎょうば》は、大変騒《たいへんさわ》がしいなるのじゃぞよ。

小《ち》さい心《こころ》では行《い》かんと申《もう》すのは、何《なに》に由《よ》らず、物事是《ものごとこれ》までに無《な》き事《こと》ばかりじゃぞよ。綾部金明界《あやべきんめいかい》の霊学会《れいがくかい》と申《もう》して、世界《せかい》に誰《たれ》も知《し》らん事《こと》が出来《でき》るぞよ。昔《むかし》から無《な》き事《こと》ばかりが出来《でき》るから、肝《きも》の小《ち》さいものは恐《こわ》がるぞよ。結構《けっこう》な事《こと》じゃぞよ。分《わ》からん事《こと》は、出口直《でぐちなお》に問《と》うて下《くだ》されよ。皆筆先《みなふでさき》に出《だ》して在《あ》るぞよ。何神様《なにがみさま》の御《お》憑《うつ》りでも、艮《うしとら》の金神《こんじん》へ直《なお》が願《ねが》えば、神《かみ》、仏事《ぶつじ》、人民《じんみん》、鳥類《ちょうるい》、畜類《ちくるい》、餓鬼《がき》、昆虫《むしけら》までも助《たす》ける神《かみ》で在《あ》るから、何《なに》が出《で》て来《こ》うやら判《わか》らんぞよ。胴《どう》を据《す》えんと、胆《きも》が小《ちい》そうては可《い》かんぞよ。

今《いま》が初《はじ》まり、諸国《しょこく》の落《お》ちぶれ者《もの》が、出口《でぐち》に願《ねご》うて下《くだ》されと申《もう》して、沢山出《たくさんで》て来《く》るから。

明治三十二年旧十二月十七日

国武彦命《くにたけひこのみこと》の筆先《ふでさき》で在《あ》るぞよ。出口《でぐち》の守《かみ》に書《か》かすぞよ。

明治《めいじ》三十二年《ねん》の十月《がつ》の二十九日《にち》に、出口《でぐち》の守《かみ》と申《もう》すように成《な》りたのは、艮《うしとら》の金《こん》神《じん》が永《なが》らくの苦労《くろう》いたして、三千年《さんぜんねん》の経綸《しぐみ》の出来《しゅったい》が致《いた》したので在《あ》るから、誠《まこと》に結《けっ》構《こう》であるぞよ。

艮《うしとら》の金神《こんじん》も、国武彦命《くにたけひこのみこと》と御名《おんな》を戴《いただ》きて、是《これ》で表《おもて》に成《な》りたぞよ。

出口《でぐち》の守《かみ》に書《か》かすのは、直《なお》が書《か》くのでないぞよ。…………………。

たにぐちくまきち、心《こころ》を曳《ひ》きて見《み》れば、今《いま》から慢心《まんしん》いたす如《よ》うな事《こと》では、斯《こ》の広《ひろ》前《ま》は兎《と》ても勤《つと》まらんから、たにぐちは京都《きようと》で何《なん》なりと働《はたら》かすが好《よ》いぞよ。大本《ここ》へ来《き》たとて、日々此《にちにちこ》の内部《なか》が治《おさ》まらんぞよ。

口《くち》と心《こころ》の違《ちが》うものは、チットの間《ま》も置《お》く事《こと》は、誰《たれ》に由《よ》らずならんぞよ。今直《いまなお》が申《もう》すと気《き》に支《さ》えて居《お》れども、この直《なお》に申《もう》さした事《こと》は違《ちが》わんぞよ。

明治三十二年旧十二月二十九日

亀岡《かめおか》（まつやま父子《おやこ》）の事《こと》、今《いま》いうてやりたいなれど、今言《いまい》わせると出口《でぐち》が肉体《にくたい》で申《もう》すように思《おも》うから言《い》わねども、此《こ》の者《もの》は余程《よほど》目的《もくてき》ありて、おこして居《お》るぞよ。神《かみ》が手柄《てがら》を致《いた》そうと思《おも》うて、人《ひと》に憑《うつ》りて、目論《もくろ》見《み》て来《き》て居《お》るぞよ。大本《おほもと》は、綾部《あやべ》に致《いた》さな成《な》らんのじゃぞよ。それに就《つ》いては、この大本《おほもと》に据《す》わろうと思《おも》うと、出《で》て歩《あ》行《る》く如《よ》うな事《こと》では、先《さき》に成《な》りたら……。 今出口《いまでぐち》に言《い》わせると、出口《でぐち》が申《もう》すように上田《うえだ》も思《おも》うて居《お》るが、上田《うえだ》はそれが修行《ぎょう》じゃぞよ。肉体《にくたい》でないぞよ。神《かみ》が気《き》を付《つ》けてやるが、上田《うえだ》の知《し》らん事《こと》があるぞよ。大本《ここ》の長《かしら》に、上田《うえだ》を致《いた》そうと思《おも》うから、神《かみ》が気《き》を付《つ》けるぞよ。

この綾部《あやべ》には思《おも》わくが在《あ》るから、大本《おほもと》は、

人民《じんみん》というものは、表面《かお》さえ美《よ》けら、腹《はら》の中《なか》はゴモクタが在《あ》りても判《わか》らんから、

………。

明治三十三年旧正月十五日

国武彦命《くにたけひこのみこと》を表《おもて》へ出《だ》して下《くだ》さりたのは上田《うえだ》どの、出口《でぐち》と上田殿《うえだどの》の身魂《みたま》は因縁《いんねん》ある身魂《みたま》であるから、珍《めずら》しき事《こと》を致《いた》さすぞよ。此《こ》の変性男子《へんじようなんし》、上田殿《うえだどの》の変性女子《へんじようによし》と、斯《こ》の二人《ふたり》の因縁《いんねん》が判《わか》りて来《き》たら、世界《せかい》が鳴動《なる》ぞよ。

綾部《あやべ》を世界《せかい》の大本《おほもと》として、珍《めずら》しき事《こと》を致《いた》すぞよ。綾部《あやべ》は因縁《いんねん》ある所《ところ》であれども、

此《こ》の事知《ことし》りた者《もの》は無《な》かろう。神宮坪《しんぐうつぼ》の内《うち》と申《もう》すのは、今度《こんど》因縁《いんねん》が判《わか》るぞよ。此《こ》の事《こと》は、上田殿《うえだどの》に憑《か》かりて書《か》かすぞよ。昔《むかし》からの因縁《いんねん》の事《こと》を解決《わけ》させる霊学《れいがく》であるから、上田《うえだ》にこの事《こと》を解決《わけ》させるぞよ。上田《うえだ》の霊魂《みたま》も解《わ》けて見《み》せるぞよ。金明界霊《きんめいかいれい》この金明界霊学《きんめいかいれいがく》を持《も》って来《き》たように思《おも》うから、慮見《りようけん》が違《ちが》うのじゃぞよ。金明界霊学《きんめいかいれいがく》は、艮《うしとら》の金神《こんじん》が三千年《さんぜんねん》の経綸《しぐみ》じゃぞよ。根元《ねもと》を強固《しつかり》いたさねば、良《よ》い枝《えだ》は栄《さか》えんぞよ。是《これ》から、上田《うえだ》には小松林《こまつばやし》を御用《ごよう》に使《つこ》うて、何彼《なにか》の委細《いさい》を解決《わけ》さすぞよ。

明治三十三年旧二月三日

上田《うえだ》、春三《はるぞう》、澄子《すみこ》いま出《だ》されんと申《もう》すのは、今上田《いまうえだ》を抱《だ》き込《こ》みて、徳《とく》を獲《え》ようと致《いた》して悪魔《あくま》が差《さ》すから、出《だ》されんのじゃぞよ。

悪《わる》い霊《れい》が集《よ》って来《き》て、大勢憑《おおぜいか》かると、上田《うえだ》の気《き》が多《おお》く成《な》っては、肝腎《かんじん》の御用《ごよう》の邪《じゃ》魔《ま》になるから、上田《うえだ》を引《ひ》き落《お》としに来《く》る霊《れい》が沢山在《たくさんあ》るぞよ。

明治三十三年旧二月三日

園部《そのべ》、うえなか(ぎたろう)、モ一《ひと》つ改心致《かいしんいた》して厳格行《しっかりや》らんと、今迄《いままで》の行為《おこない》では誠《まこと》の事《こと》が無《な》いぞよ。

こんこう教会《きょうかい》の流儀《りゅうぎ》を行《や》りては、此《こ》の金明霊学《きんめいれいがく》は世《よ》の審判《あらため》を致《いた》す所《ところ》であるから、余程清《よほどきよ》らかに致《いた》して貰《もら》わんと、真実《まこと》の神徳《おかげ》がないぞよ。

我身《われ》が行状《おこない》を直《なお》さずにおいて、神徳《おかげ》が無《な》いと、神《かみ》や取次《とりつぎ》の行為《わざ》の如《よ》うに申《もう》して神《かみ》の名《な》を汚《けが》すが、是《これ》から行《おこな》い悪《わる》くば、直《す》ぐに気付《きつ》けを致《いた》すぞよ。神《かみ》、段々厳重《だんだんはげしく》なるぞよ。神慮《きかん》に叶《かの》うた取次《とりつぎ》、此《こ》の事《こと》を背《そむ》かんと御用聞《ごようき》いて下《くだ》されよ。世界《せかい》は自由《じゆう》にいたすぞよ。間曳《まび》かれるもの多数出来《たっぴつでき》るぞよ。…………。

大本《こ》の中《なか》、やり放題《ほうだい》に致《いた》しておいて、枝《えだ》を栄《さか》えさそうと思《おも》うたとても、良《よ》い枝《えだ》は出来《でき》んぞよ。根本《もと》から致《いた》さな、枝《えだ》は栄《さか》えんぞよ。

たにぐち殿《どの》、うえなか、みな取《と》り違《ちが》い致《いた》して居《お》るぞよ。なんぶ殿《どの》、この中《なか》の様子《ようす》良《よ》く見《み》て帰《かえ》りて下《くだ》されよ。神《かみ》は色々《いろいろ》と変《へん》じるぞよ。皆取《みなと》り違《ちが》い致《いた》して居《お》るぞよ。

此《こ》の大本《なか》は化《ば》ケ物《もの》じゃ。心《こころ》は少《ちっ》とも宥《ゆる》されんぞよ。

変性男子《へんじょうなんし》、変性女子《へんじょうにょし》の因縁《いんねん》を、ボツボツ判《わ》けて見《み》せたら、神憑《かんがかり》も上田《うえだ》の皆《みな》、子《こ》で無《な》いか、親《おや》の名《な》が汚《けが》れるぞよ。モチト児《こ》に良《よ》い児《こ》が無《な》いと、化《ば》ケ物《もの》が現《あら》われたなれば、親《おや》に対面出来《たいめんでき》んような事《こと》が出来《でき》ると気《き》の毒《どく》なから、今《いま》の内《うち》にモ一《ひと》つ改心《かいしん》いたし、骨《ほね》を折《お》らんと、大望《たいもう》はじまりたら、此《こ》の広前《ひろま》は病気平癒《やまいなおし》の教会《きょうかい》で無《な》いぞよ。

此《こ》の大本《ひろま》から、天《てん》〇〇〇に何事《なにごと》も知《し》らせねば成《な》らん事《こと》に成《な》るのじゃぞよ。夫《そ》れも知《し》らずに、近慾斗《ちかよくばか》り申《もう》して、皆《みな》のものが御蔭落《おかげお》として居《お》るが、今《いま》に大望《たいもう》はじまりたら、間《ま》に合《あ》う神憑《かんがかり》は一人《ひとり》も無《な》いが、天地《てんち》の大神様《おおかみさま》へ何《ど》う申《もう》し訳《わけ》を致《いた》すのじゃ。斯《こ》の世《よ》がはじまりてからの、世《よ》の立替《たてか》え、二度目《にどめ》の世《よ》の立替《たてか》えじゃ。二度目《にどめ》の天《あま》の岩戸開《いわとびら》きじゃぞよ。

天之《あめの》宇《う》受売命様《ずめのみことさま》、猿田彦命様《さるたひこのみことさま》、夫婦《ふうふ》御《お》揃《そろ》い成《な》されて、此《こ》の世《よ》の御守護《ごしゅご》なさるぞよ。

斯《こ》の神様《かみさま》は、斯《こ》の世《よ》の勇《いさ》む事《こと》の御守護《ごしゅご》なさる神様《かみさま》。

明治三十三年旧三月一日

上田《うえだ》海潮《かいちょう》の行状《ぎょうじょう》、エライ心配《しんぱい》を皆《みな》が為《し》て下《くだ》さるが、この上田《うえだ》は神《かみ》の仕組《しぐみ》の取次《とりつぎ》じゃから…………。各自《めいめい》に行状《ぎょうじょう》を笑《わら》われんようにして下《くだ》されよ。

出口《でぐち》、上田《うえだ》は何《なに》にも変化《ばけ》るぞよ。細工《さいく》は流々《りゅうりゅう》、仕上《しあ》げを見《み》て居《お》りて下《くだ》されよ。

明治三十三年旧八月六日

今度《こんど》沓島《めしま》へ連《つ》れ参《まい》りたのは、万古末代名《まんごまつだいな》の残《のこ》る御用《ごよう》でありたぞよ。

沓《め》島《しま》には、しょうまつの神《かみ》が、昔《むかし》の神代《かみよ》から住居《すまい》を致《いた》して居《お》る処《ところ》じゃから、人民《じんみん》では行《い》かれん所《ところ》なれど、今度《こんど》は昔《むかし》からの世《よ》の建替《たてか》えで在《あ》るから、神《かみ》から御苦労《ごくろう》に成《な》りたので在《あ》るぞよ。

昔《むかし》から色々《いろいろ》と化《ば》けて、斯《こ》の世《よ》の守護《しゅご》いたして居《お》りたぞよ。今度《こんど》の世《よ》の立替《たてか》えに就《つ》いては、モウ化《ば》けては居《お》れんから、三人世《さんにんよ》の元《もと》の御用《ごよう》に、丹後《たんご》の沓島開《めしまびら》きに連《つ》れ参《まい》りたのは、因縁《いんねん》ある身魂斗《みたまばか》りじゃぞよ。

沓《め》島《しま》には、昔《むかし》の元《もと》の生神《いきがみ》が守護《しゅご》いたして居《お》りたぞよ。

明治三十三年旧八月六日

今《いま》の人民《じんみん》は余《あま》り近慾《ちかよく》なから、思《おも》う事《こと》が間《ま》違《ちが》うぞよ。他人《ひと》の苦労《くろう》がチット解《わか》るように成《な》らんと、此《こ》の神《かみ》は御用《ごよう》に使《つか》わんぞよ。

他人《ひと》に苦労《くろう》さして、教親《おや》の気苦労《きぐろう》を助《たす》ける位《くらい》でないと、御蔭《おかげ》は貰《もら》えんぞよ。斯《こ》の神《かみ》は心《こころ》だけより御蔭《おかげ》は与《や》らんぞよ。

教親《おや》は咽喉《のど》から血《ち》の出《で》る程《ほど》、気苦労《きぐろう》を致《いた》して居《お》るが、其《そ》の親《おや》を悪《わる》く申《もう》してでも、自分《われ》さえ良《よ》けりゃ良《よ》いという如《よ》うな心《こころ》では、神《かみ》の神慮《きかん》に叶《かな》わんぞよ。

斯《こ》の神《かみ》は腹《はら》の底《そこ》まで見抜《みぬ》かぬと、誠《まこと》の御用《ごよう》はさせんぞよ。一寸《ちよつと》した事《こと》に御蔭《おかげ》を落《お》とすような事《こと》では、兎《と》ても力《ちから》には成《な》らんから、皆心《みなこころ》を試《た》めして見《み》れば、誠《まこと》の人《ひと》が無《な》いので、肝腎《かんじん》の事《こと》が言《い》うてやれんぞ。

明治三十三年旧九月六日

艮《うしとら》の金神国武彦命《こんじんくにたけひこのみこと》と現《あら》われて、出口《でぐち》の手《て》で書《か》きおくぞよ。明治《めいじ》三十三年《ねん》の九月《がつ》の六日《むいか》に書《か》かしたぞよ。

この筆先《ふでさき》はチト厳《きつ》いなれど、世界《せかい》の政教《よ》の立替《たてか》えに就《つ》いて、艮《うしとら》の金神《こんじん》の元《もと》から立替《たてか》えを致《いた》さな成《な》らんぞよ。皆御蔭《みなおかげ》の取《と》り様《よう》が違《ちが》うぞよ。

何《なん》ぼ神《かみ》でも、余《あま》り平《ひら》とうには申《もう》しとも無《な》いと思《おも》うて、退《ひ》かえて居《お》れば、人民《じんみん》というものは何《なに》も判《わか》らんから、平《ひら》とう申《もう》してやるぞよ。
まだ出口《でぐち》の肉体《にくたい》で書《か》くように思《おも》うで在《あ》ろうなれど、斯《こ》の出口《でぐち》の書《か》いた筆先《ふでさき》は、肉《にく》体《たい》と思《おも》うても、皆《みな》その通《とお》りが出《で》て来《く》るぞよ。神《かみ》が書《か》かせる筆先《ふでさき》じゃ、何時《いつ》までも疑《うたが》う人《ひと》、改心《かいしん》なされ、疑《うたが》うも限《きり》があるぞよ。何時《いつ》までも疑《うたご》うて居《お》ると、御蔭落《おかげお》として、キリキリ舞《ま》いを致《いた》す事《こと》が出来《でき》るぞよ。

二度目《にどめ》の世《よ》の立替《たてか》えと云《い》うような、大望《たいもう》な御用《ごよう》をさして居《お》るのに、未《ま》だ村内《むらじゅう》にも知《し》らんような事《こと》で、永《なが》らく世《よ》に落《お》ちて、艮《うしとら》の金神《こんじん》が守護《しゅご》いたして居《お》る事《こと》を、九《く》年《ねん》の間《あいだ》、同《おな》じことを繰《く》り返《かえ》し繰《く》り返《かえ》し書《か》かして、知《し》らして居《お》るで無《な》いか。

斯《こ》の大望《たいもう》な事《こと》を、世界《せかい》へ知《し》らして置《お》かねば、是《これ》だけ神《かみ》が苦労致《くろういた》して、守護《しゅご》して居《お》る事《こと》をも知《し》らずに、斯《こ》の結構《けっこう》な事《こと》を悪《わる》く取《と》りて居《お》るぞよ。今《いま》に世《よ》が転覆《ひっくり》かえるから、神《かみ》が誠《まこと》の者《もの》に憑《うつ》りて言《い》うてやりても、為《し》て見《み》せても、ヤミクモの世《よ》に成《な》りて居《お》るから、仕様《しよう》が無《な》いぞよ。

屁《へ》でも無《な》い事《こと》は新聞《しんぶん》に出《だ》すが、此《こ》の世界《せかい》の政教《よ》の立替《たてか》えというような大望《たいもう》な事《こと》や、斯《こ》の神《かみ》が世《よ》に是《これ》だけ落《お》ちて居《お》る事《こと》を、早《はや》く日本《にほん》だけなりと知《し》らせんと、何《なん》にも知《し》らぬ人民《じんみん》がかわいそうじゃぞよ。

神《かみ》を拡《ひろ》めると申《もう》して、何《なに》を拡《ひろ》めるのじゃ。神《かみ》が見《み》て居《お》れば、我身《わがみ》の田《た》へ水引《みずひ》く信《しん》心斗《じんばか》りじゃぞよ。慾信神《よくしんじん》じゃ。

何時《いつ》も申《もう》す通《とお》り、信者《しんじゃ》の奪《と》り合《あ》い致《いた》して、修羅《しゅら》を燃《もや》して、我身《わがみ》の為《ため》の慾信心《よくしんじん》じゃ。

それでは綾部《あやべ》の元《もと》が御苦労《ごくろう》じゃぞよ。

教祖《きょうそ》は女《おんな》なり、会長《かいちょう》は温順《おとな》しゅうて何《なに》も言《い》わぬから、今出《いまで》口《ぐち》に言《い》わせば、未《ま》だ疑《うたが》うし、左右《そう》申《もう》して海潮《かいちょう》が申《もう》すでも無《な》いし、其処《そこ》で片腕《かたうで》に成《な》る春一《はるいち》は、何《なん》の為《ため》にお広前《ひろまえ》に居《お》るぞ。

艮《うしとら》の金神《こんじん》の取次《とりつぎ》に致《いた》そうと思《おも》うて、大事《だいじ》に致《いた》して、修行《しゅぎょう》も為《せ》ずに、楽過《らくす》ぎて慢《まん》神《しん》いたして、今《いま》では艮《うしとら》の金神《こんじん》の御用《ごよう》も聞《き》かずに、神《かみ》の真似《まね》を致《いた》して居《お》るが、艮《うしとら》の金神《こんじん》が許《ゆる》さねば、何《なに》も表《おもて》には成《な》らんぞよ。夫《そ》れに許《ゆる》しを受《う》けて、未《ま》だ広前《ひろまえ》で修行《しゅぎょう》中《ちゅう》で無《な》いか。会長《かいちょう》を下《した》へ見降《みくだ》して、自己《われ》が上《うえ》のように思《おも》うて居《お》るが、今《こん》度《ど》鞍馬山《くらまやま》へ参《まい》りて見《み》れば、了見《りょうけん》が違《ちご》うたで在《あ》ろうがな。

神《かみ》は気《き》を引《ひ》くぞよ。慢心《まんしん》いたしたもの、誰《たれ》に由《よ》らず皆立替《みなたてか》えいたすぞよ。

今《いま》この大本《おほもと》から立直《たてなお》しを致《いた》さんならん初《はじ》まりに、春一《はるいち》は一《いち》の番頭《ばんとう》で無《な》いか、今其《いまそ》方《なた》がソンナ教《おし》えを致《いた》したら、到底綾部《とうていあやべ》の元《もと》は思《おも》わくには開《ひら》けんぞよ。

今《いま》、海潮《かいちょう》と春一《はるいち》どのが、力《ちから》を入《い》れて気張《きば》らんならん所《ところ》を、我身《わがみ》の仕格《しがく》する如《よ》うな事《こと》では成《な》らんが、春一《はるいち》に憑《うつ》りて居《お》る神《かみ》が熱釜《あつかま》しいからじゃぞよ。夫《そ》れで、神《かみ》から改心《かいしん》させねば成《な》らぬと申《もう》すのじゃぞよ。

艮《うしとら》の金神《こんじん》の仕組《しぐみ》は、世《よ》に出《で》て居《お》れる神《かみ》でも判《わか》らぬぞよ。斯《こ》の経綸《しぐみ》が判《わか》りたら、今度《こんど》の思惑《おもわく》は立《た》たんぞよ。肝腎《かんじん》の仕組《しぐみ》は誰《たれ》も判《わか》らんぞよ。春一殿斗《はるいちどのばか》りで無《な》いぞよ。家内《かない》も村中《むらじゅう》も、取《と》り違《ちが》いを致《いた》して居《お》るぞよ。

広前《ひろまえ》の、立替《たてか》えの初発《しょっぱつ》であるぞよ。厳《きび》しくなるぞよ。皆《みな》の人《ひと》、心得《こころえ》なされよ。小《ちい》さい慾《よく》を申《もう》して居《お》ると、御蔭《おかげ》が落《お》ちるぞよ。此《こ》の神《かみ》の取次《とりつぎ》は、普通《ひととおり》の修行《しゅぎょう》では勤《つと》まらんぞよ。

明治三十六年旧八月十六日

是《これ》までの世《よ》は魔法《まつぼう》の世《よ》で、悪神悪人《あくがみあくにん》の世《よ》で在《あ》りたから、斯《こ》の世《よ》に良《よ》き事《こと》をして居《お》ると思《おも》うて為《し》て居《お》る事《こと》が、逆様斗《さかさまばか》りをして居《お》るから、斯《こ》の世《よ》は真逆様《まつさかさま》に成《な》りて居《お》るという事《こと》が、大《だい》の字《じ》を逆様《さかさま》に書《か》いて、何処《どこ》の宮《みや》にも、路傍《みちばた》にも、弁天堂《べんてんどう》にも、不動《ふどう》の祠《やしろ》にも、電信《でんしん》の柱《はしら》にも、平岩《ひらいわ》にも、行《ゆ》く先《さき》に書《か》いて見《み》せて在《あ》るなれど、其《そ》の様《よう》な事《こと》に気《き》の付《つ》く人民《じんみん》が無《な》いぞよ。

今《いま》の世界《せかい》の人民《じんみん》には、何結構《なにけっこう》な事《こと》の実地《じっち》をして見《み》せても、解《わ》ける人民一人《じんみんひとり》も無《な》いぞよ。

出口直《でぐちなお》は商内《あきない》に行《い》って、先々《さきざき》で〇《まる》に十《じゅう》、大《だい》の字《じ》逆様《さかさま》の書《か》いてあるのを見《み》て、之《これ》は変《へん》な事《こと》じゃと思《おも》うて、立《た》てりて、肝腎《かんじん》の商内《あきない》を忘《わす》れて考《かんが》えて居《お》りたぞよ。皆良《みなうしとら》の金神《こんじん》が人《ひと》に憑《か》かりて、書《か》かして置《お》いたので在《あ》るぞよ。

明治三十六年旧十二月二十九日

綾部《あやべ》の大本《おほもと》は、錦《にしき》の機《はた》の経綸《しぐみ》であるから、経《たて》は変性男子《へんじょうなんし》なり、緯《よこ》は女子《にょし》で、経《たて》と緯《よこ》との戦《たたか》いで、世界《せかい》の事《こと》が判《わか》るように致《いた》して、善悪《ぜんあく》の鏡《かがみ》を出《だ》す大本《おほもと》であるから、此《こ》の大本《おほもと》から善一《ぜんひと》つに致《いた》して、悪《あく》の身魂《みたま》も善《ぜん》へ立《た》ち復《かえ》るぞよ。

大本《おほもと》の変性男子《へんじようなんし》と変性女子《へんじようにょし》とが、全部現《すっくりあら》われると、親兄弟《おやきようだい》も子《こ》も、耻《は》ずかしき事《こと》が出来《でき》て来《く》るから、今《いま》の中《うち》に解《わか》らんと約《つま》らん事《こと》に成《な》るぞよ。

明治三十七年旧正月十一日

沓島《めしま》冠島《おしま》の荒海《あらうみ》を、舞鶴《まいづる》さして海《うみ》の上《うえ》、一寸下《いっすんした》は水地獄《みずじごく》、それも厭《いと》い無《な》く竜宮《りゆうぐう》の音姫殿《おとひめどの》の御《お》むかいで、半分途《はんぶんみち》は降雨《おしめり》あると申《もう》したで在《あ》ろうがな。半分往《はんぶんい》ったら、御《お》帰《かえ》りに成《な》りて御待《おま》ち受《う》け成《な》さると、出口直《でぐちなお》の口《くち》を借《か》りて、上田海潮《うえだかいちよう》と皆《みな》の者《もの》に、初発《しょっぱつ》に参《まい》りた折《おり》、申《もう》したで在《あ》ろうがな。毛筋《けすじ》も違《ちが》わぬように、口《くち》で申《もう》した事《こと》も、手《て》で書《か》かした事《こと》も出《で》て来《く》るのが変性男子《へんじょうなんし》の御役《おんやく》であるぞよ。

明治三十六年旧二月二十九日

『日本《にほん》の国《くに》は別《べつ》として』王《おう》、天下《てんか》は永《なご》うは続《つづ》かんと申《もう》して在《あ》るが、何事《なにごと》も時節《じせつ》が参《まい》りて来《き》て、明《あ》いた口《くち》が塞《ふさ》がらん事《こと》が、世界《せかい》には出《で》て来《く》るから、気《け》も無《な》い内《うち》から、出口直《でぐちなお》の手《て》で知《し》らし尽《つ》くして在《あ》るが、脚下《あしもと》へ火《ひ》が燃《も》えて来《き》て、身体《からだ》に火《ひ》が付《つ》いて、ジリジリ舞《ま》わねば成《な》らん事《こと》が出来《でき》てくるぞよ。
余《あま》り執拗《しつこう》判《わか》らんと、人民《じんみん》に掛《か》かりて居《お》る暇《ひま》が無《な》いように成《な》るぞよ。

大正六年旧九月五日

『日本《にほん》は別《べつ》として』王《おう》、天下《てんか》は永《なご》うは続《つづ》かんと云《い》う事《こと》が、是迄《これまで》の筆先《ふでさき》に書《か》いて知《し》らして在《あ》ろうがな。何彼《なにか》の時節《じせつ》が参《まい》りて、何事《なにごと》も一度《いちど》に出《で》て来《く》るぞよ。

善《よ》い事《こと》も悪《わる》い事《こと》も、皆一度《みないちど》に現《あら》われて、がいこくには惨酷《ひどい》ことが頻々《せんぐり》在《あ》ると申《もう》して知《し》らした事《こと》が、実地《じっち》に成《な》りて来《く》るぞよ。がいこくは余《あま》り精神《こころ》が悪《わる》いから、良《よ》い事《こと》は一寸《ちょっと》も出来《でき》んぞよ。てんじくが彼《あ》の通《とお》りエライ見《み》せしめに遇《あ》い、その次《つぎ》が、がいこくであると申《もう》して知《し》らしてありたが、一《ひと》つも違《ちが》いは致《いた》さんぞよ。日本《にほん》の国《くに》にも、人気《にんき》の悪《わる》い処《とこ》には、在《あ》ると知《し》らして在《あ》るぞよ。

日本《にほん》も、余《あま》りがいこくの真似《まね》を致《いた》して、全部《さっぱり》がいこくの性来《しょうらい》に成《な》りて了《しも》うて居《お》るので、上《うえ》の守護神《しゅごじん》と人民《じんみん》に、一日《いちにち》も早《はや》く改心致《かいしんいた》せと申《もう》しても、改心致《かいしんいた》すような優《やさ》しい守護神《しゅごじん》が無《な》いから、モウ神《かみ》は一切《ひとき》りに致《いた》すより仕様《しよう》が無《な》いぞよ。

がいこくの性来《しょうらい》は、前後構《あとさきかま》わずに、行《や》り放第《ほうだい》の行《や》り方《かた》で在《あ》るから、トンと行《ゆ》き当《あ》たりた所《とこ》で、何《ど》う仕様方法《しようようほう》もない、無茶苦茶《むちゃくちゃ》の暗雲《やみくも》で在《あ》るぞよ。悪《あく》が強《つよ》いと一寸《いっすん》先《さき》が目《め》が届《とど》かんぞよ。

がいこくの守護神《しゅごじん》がエライ経綸《しぐみ》は為《し》て居《お》るが、悪《あく》の世《よ》は九分九厘《くぶくりん》行《い》った所《とこ》で、世《よ》が無《な》くなると申《もう》して、明治《めいじ》二十五年《ねん》から、茲《ここ》まで知《し》らした事《こと》の実地《じっち》の現《あら》われる時《じ》節《せっ》が来《き》たから、此《こ》の先《さき》で、是《これ》までのように思《おも》うて居《お》ると、大間違《おおまちが》いが出来《でき》るぞよ。大《おお》きな誤解《とりちがい》や慢心致《まんしんいた》して居《お》りた守護神《しゅごじん》が、キリキリ舞《ま》いを致《いた》して苦《くる》しむ事《こと》が、先《せん》繰《ぐ》り出《で》て来《く》るから、其《そ》の苦《くる》しむのを見《み》るのが厭《いや》であるから、変性男子《へんじょうなんし》は辛《つら》い役《やく》であるぞよ。変性男子《へんじょうなんし》が一度《いちど》申《もう》した事《こと》は、何時《いつ》になりても皆出《みなで》て来《く》るから、神《かみ》の申《もう》した言《ことば》を反《そむ》いて致《いた》したら、取《と》り返《かえ》しの成《な》らん心配《しんぱい》が出来《でき》て来《き》て、ジリジリ舞《ま》いを致《いた》さな成《な》らんように成《な》るぞよ。

三千世界《さんぜんせかい》の大立替《おおたてか》えであるから、今迄《いままで》の一切《いっさい》の事《こと》を、根本《もと》から変《か》えて了《しま》うので在《あ》るから、今迄《いままで》の事申《こともう》してエラソウに覇張《はば》りて居《お》ると、肝腎《かんじん》の神《かみ》に見放《みはな》されて、矢張《やっぱ》り、ぶつの方《ほう》が結構《けっこう》じゃと申《もう》して、悪魔《あくま》の容器《いれもの》にしられて、斯《こ》の世《よ》の中《なか》の役《やく》に立《た》たぬ、うじむしに成《な》りて了《しま》うぞよ。慢心《まんしん》ほど恐《こわ》いものは無《な》いぞよ。

今《いま》までは、心《こころ》の中《なか》に何程悪《なにほどあく》が在《あ》りても、学《がく》さえありて上《うえ》に立《た》ちて居《お》りたら、立派《りっぱ》に人民《じんみん》からは見《み》えたなれど、世《よ》の立替《たてか》えに就《つ》いて、昔《むかし》の生神《いきがみ》が現《あら》われて審神者《さにわ》を致《いた》すから、我《われ》と我手《わがて》に身魂《みたま》の性来《しょうらい》が現《あら》われて来《き》て、恥《は》ずかしゅうて世間《せけん》へ顔出《かおだ》しが出来《でき》んように成《な》るから、何時《いつ》までもクドウ気《き》を付《つ》けるなれど、根本《もと》から、がいこく御魂《みたま》に成《な》り変《か》わりて居《お》るから、神《かみ》が可愛想《かわいそう》でも助《たす》けようが無《な》いぞよ。奥山《おくやま》の紅葉《もみじ》の在《あ》る中《うち》にと思《おも》えども、それは心《こころ》で取《と》るが良《よ》いぞよと申《もう》して、今迄《いままで》の筆先《ふでさき》に書《か》かして在《あ》ろうがな。改心出来《かいしんでき》ねば、モウ何事《なにごと》が在《あ》りても、神《かみ》と出口《でぐち》を恨《うら》める所《とこ》は無《な》いぞよ。

表面《うわつら》ばかり立派《りっぱ》な事《こと》を申《もう》して居《お》りても、心《こころ》の中《うち》に塵埃《ごもく》ありては、神国《しんこく》の御用《ごよう》には使《つか》わんぞよ。

悪神《わるがみ》が守護《しゅご》致《いた》すと自分《われ》がエロウ見《み》えて、誠《まこと》の人《ひと》が阿房《あほう》に見《み》えたり、悪魔《あくま》により見《み》えは致《いた》さんから、取《と》り返《かえ》しの付《つ》かぬ大間違《おおまちが》いが出来《でき》るので在《あ》るぞよ。気《き》の毒《どく》なものじゃぞよ。

がいこくの悪《あく》の仕組《しぐみ》は、九分九厘《くぶくりん》で世《よ》が無《な》くなると申《もう》して、明治《めいじ》二十五年《ねん》から続《つづ》いて知《し》らしたが、チトは耳《みみ》へ這入《はい》る守護神《しゅごじん》が在《あ》りても、悪《あく》の方《ほう》の味方《みかた》が多《おお》いから、心《こころ》の弱《よわ》い守護神人民《しゅごじんじんみん》は、直《す》ぐに悪魔《あくま》に頭《あたま》を押《お》さえられて、腰《こし》を折《お》るから、何時《いつ》までも世《よ》の立替《たてか》えが後《おく》れるから、世界《せかい》の難渋《なんじゅう》が、日《ひ》に増《ま》しに激《はげ》しく成《な》る斗《ばか》りで在《あ》るぞよ。

日本《にほん》は神国《しんこく》、霊主肉従《ひのもともと》の尊《とうと》い国《くに》であるから、チトは日本《やまと》魂《だましい》の研《みが》けた人民《じんみん》が在《あ》りそうなものなれど、今《いま》の日本《にほん》の国《くに》は上《うえ》から下《した》まで、がいこくの魂《たましい》に化《ば》けて了《しも》うて、我《われ》さえ良《よ》くば、元《もと》の根本《こんぽん》を無《な》いように致《いた》して、我苦労《わがくろう》も致《いた》さずに、他《ひと》の苦労《くろう》で行《や》ろうと為《し》ても、末代《まつだい》の世《よ》は続《つづ》きは致《いた》さんぞよ。天地《てんち》の大神《おおかみ》も良《よ》し、守護神《しゅごじん》も人民《じんみん》も良《よ》しという様《よう》に成《な》らねば、誠《まこと》の日本魂《やまとだましい》とは申《もう》さんぞよ。

世《よ》に落《お》ちて居《お》りた元《もと》の神《かみ》が、神国《しんこく》の世《よ》に立《た》ち帰《かえ》りて、善一《ぜんひと》つの世《よ》に致《いた》すので在《あ》るから、是《これ》までの心《こころ》を全部《さっぱり》入《い》れ替《か》えを致《いた》して、心《こころ》を持《も》ち直《なお》せば、神国《しんこく》の世《よ》に成《な》れば誠《まこと》に結構《けっこう》であるぞよ。

玉水《たますい》の竜宮館《りゅうぐうやかた》へ御上《おあ》がりに成《な》りて御出《おい》でます乙姫様《おとひめさま》の御心《おこころ》を、今度《こんど》は皆揃《みなそろ》うて、上《うえ》へ上《あ》がりて居《お》れる守護神《しゅごじん》が、茲《ここ》で速《すみや》かに是《これ》までの心《こころ》の入《い》れ代《か》えが出来《でき》んと、誠《まこと》に此《こ》の先《さき》で気《き》の毒《どく》が出来《でき》るから、今《いま》が一《いち》か八《ばち》かの処《とこ》であるぞよ。上《うえ》の守護神《しゅごじん》に気《き》が付《つ》いて来《き》たら、世界中《せかいじゅう》が善《よ》く成《な》るなり、上《うえ》に気《き》が付《つ》かな、此《こ》の先《さき》は世界中《せかいじゅう》の大《おお》きな難渋《なんじゅう》と成《な》るが、モウ此《こ》の先《さき》は、悪《あく》では世《よ》が立《た》ちては行《い》かんぞよ。

斯《こ》の暗黒《くらがり》の世《よ》に、何《ど》んな事《こと》を為《し》て見《み》せても、書《か》いて見《み》せても、言《い》い聞《き》かしても、気《き》の付《つ》く守護神人民《しゅごじんじんみん》が無《な》いが、悪《あく》の仕組《しぐみ》ではジリジリと身魂《みたま》が減《へ》って了《しま》うから、向《むこ》うの国《くに》のいうように為《し》て居《お》りたなら、モウ遠《とお》からん内《うち》に、日本《にほん》との大戦争《おおたたかい》に成《な》

り て来《く》るが、日本《にほん》の国《くに》も外国《がいこく》と同《おな》じ事《こと》になりて、屈強盛《くつきょうざか》りの人民《じんみん》が無《な》く成《な》る斗《ばか》り、金《かね》の費《い》るのは程《ほど》が知《し》れんぞよ。段々人《だんだんひと》が減《へ》る斗《ばか》りで、何程人民《なにほどじんみん》がありたとて、人《じん》民力《みんりき》では到底《とうてい》行《い》きは致《いた》さんぞよ。

上《うえ》から下《した》まで、余《あま》り大《おお》きな誤解《とりちがい》を致《いた》して居《お》るから、悪《あく》の頭《かしら》の仕組《しぐみ》は、モウ一足《ひとあし》も、日本《にほん》の国《くに》の御地《おつち》の上《うえ》では出来《でき》ん仕組《しぐみ》が、日本《にほん》の国《くに》には、今《いま》に知《し》った事《こと》で無《な》いぞよ。茲《ここ》へ成《な》りて来《く》ることは、天《てん》の大神様《おおかみさま》と地《ち》の先祖《せんぞ》の大国常立尊《おおくにとこたちのみこと》とは、元《もと》から日本《にほん》の国《くに》に、一輪《いちりん》の経綸《しぐみ》が為《し》てありたのじゃぞよ。

日本《にほん》の人民《じんみん》が、日本魂《やまとだましい》の本《もと》の性来《しょうらい》に成《な》りて来《こ》んと、向《むこ》うの国《くに》には科学《がく》でエライ仕組《しぐみ》を致《いた》して居《お》るから、何方《どちら》へ付《つ》いて良《よ》いと云《い》う事《こと》が解《わか》らんような人民《じんみん》が、沢山《たっぴつ》に出《で》て来《く》るぞよ……。大《おお》きな取《と》り違《ちが》いを致《いた》して居《お》りたと云《い》う事《こと》が、日本《にほん》の上《うえ》の守護《しゅご》神《じん》や下《した》の人民《じんみん》に解《わか》りて来《く》るのは、何《いず》れは向《むこ》うの国《くに》から攻《せ》めて来《く》るから、昔《むかし》の世《よ》の本《もと》から日本《にほん》の国《くに》には、斯《こ》んな大望《たいもう》な経綸《しぐみ》が為《し》て在《あ》りた事《こと》が、何方《どちら》の国《くに》にも解《わか》りて来《き》て、世界《せかい》の人民《じんみん》がアフンと致《いた》して、手《て》も足《あし》も能《よ》う出《だ》さずに、途方《とほう》に呉《く》れる事《こと》が出来《しゅったい》するぞよ。

斯《こ》の状態《なり》で、神《かみ》が構《かま》わずに見《み》て居《お》りたら、何方《どちら》の国《くに》も後《あと》へ引《ひ》くと云《い》う事《こと》は致《いた》さんから、此処《ここ》へ為《な》りて来《く》るから、明治《めいじ》二十五年《ねん》から筆先《ふでさき》で、何彼《なにか》の事《こと》が知《し》らしてありた通《とお》りの時節《じせつ》が迴《まわ》りて来《き》て居《お》るのに、人民《じんみん》というものは、実地《じっち》の正末《しょうまつ》が出《で》て来《こ》んと誠《まこと》に致《いた》さんから、俄《にわ》かにジリジリ舞《ま》わな成《な》らん事《こと》に成《な》るのじゃぞよ。人民《じんみん》は少《ちっ》とも先《さき》の見《み》えんもので在《あ》るから、常《つね》に何彼《なにか》の心得《こころえ》を致《いた》して置《お》かんと、マサカの時《とき》に狼狽《うろた》えるぞよ。信心《しんじん》は常《つね》に在《あ》るぞよ。日々神《にちにちかみ》に縋《すが》りて、身魂《みたま》を綺麗《きれい》に研《みが》いて居《お》る人民《じんみん》と、斯《こ》の世《よ》に神《かみ》は無《な》きものと申《もう》して居《お》る人民《じんみん》とは立《た》て分《わ》けるから、夫《そ》れで常《つね》から信神《しんじん》を致《いた》せと申《もう》すので在《あ》るぞよ。俄《にわ》か信神《しんじん》は間《ま》に合《あ》わんぞよ。何彼《なにか》の事《こと》が迫《せま》りて、色々《いろいろ》と是《これ》だけ大本《おほもと》の内《なか》と御屋敷《おやしき》には、真正《しょうまつ》の御神様《おんかみさま》が彼方此方《あちらこち》らに御守護《ごしゅご》があるのに、厭《いや》な事《こと》を目《め》の前《さき》に為《し》て見《み》せて遣《や》らんと承知《しょうち》が行《い》かん、浅《あさ》間敷《まし》きもので在《あ》るから、俄《にわ》かにジリジリ舞《ま》わな成《な》らん事《こと》が出《で》て来《く》るぞよ。そう成《な》りてから走《はし》り込《こ》んで来《き》て、何卒助《どうぞたす》けて呉《く》れと申《もう》しても、ソンナ事《こと》には掛《か》かりて居《お》れんように忙《せわ》しくなりて、何《なん》ところで無《な》いぞよ……。

竜宮《りゅうぐう》の乙姫殿《おとひめどの》が御守護《ごしゅご》あり出《だ》したら、世界《せかい》はモ一《ひと》つ、何彼《なにか》の事《こと》が騒《さわ》がしく成《な》るぞよ。

向《む》こうの国《くに》には悪《あく》の経綸《しぐみ》で、何処《どこ》までも行《や》り抜《ぬ》こうとの企《たく》みであるなれど、日本《にほん》の国《くに》にも、神《かみ》が蔭《かげ》から動《うご》かん仕組《しぐみ》が致《いた》して在《あ》るから、何方《どちら》の行《や》り方《かた》で末代《まつだい》の世《よ》が続《つづ》いて行《い》くものじゃ、善《ぜん》の道《みち》で続《つづ》くか、悪《あく》の道《みち》で続《つづ》くか、善《ぜん》と悪《あく》との力比《ちからくら》べの大戦《おおたたか》いであるから、勝《か》ちた方《ほう》の道《みち》で、此《こ》の先《さき》の末代《まつだい》の世《よ》を持《も》ちて行《い》くように成《な》るので在《あ》るぞよ。

今《いま》の日本《にほん》の上《うえ》に立《た》ちて居《お》る守護神《しゅごじん》は、九分九厘《くぶくりん》までは、がいこくの行《や》り方《かた》を結構《けっこう》なように思《おも》うて居《お》るが、今《いま》に大《おお》きな了見違《りょうけんちが》いで在《あ》りたと申《もう》す事《こと》が判《わか》りて来《き》て、頭《あたま》を掻《か》いてジリジリ悶《もだ》えを致《いた》すぞよと申《もう》して、明治《めいじ》二十五年《ねん》から変性男子《へんじょうなんし》の手《て》で書《か》かして在《あ》りたが、一分一厘《いちぶいちりん》の違《ちが》いも無《な》いぞよ。

旧九月五日《きゅうがついつか》の朝《あさ》の間《ま》に、出口直《でぐちなお》が神《かみ》に御《お》礼《れい》拝《い》を致《いた》して居《お》りた折《おり》に、明日《あした》から乙姫《おとひめ》殿《どの》の御守護《ごしゅご》になると申《もう》して知《し》らしたが、猶筆《なおふで》でも知《し》らしてあるぞよ。今迄《いままで》に申《もう》して在《あ》る通《とお》りに、何《なに》も成《な》りて来《く》るぞよ。

九分九厘《くぶくりん》に成《な》ると、手《て》の掌《ひら》が覆《かえ》りて、綾部《あやべ》の此《こ》の村《むら》と、綾部《あやべ》の町《まち》を動《うご》かして遣《や》ると申《もう》して在《あ》ろうがな。世界《せかい》と一同《いちど》に動《うご》かすと申《もう》して、筆先《ふでさき》に出《だ》して在《あ》ろうがな、皆出《みなで》て来《く》るぞよ。大《おお》きな目醒《めざ》ましが、天地《てんち》から在《あ》るぞよ。世界《せかい》の事《こと》は、何《なに》も彼《か》も筆先通《ふでさきどお》りに成《な》りて来《く》るぞよ。

十分《じゅうぶん》に知《し》らして在《あ》るから、チトは遅《おそ》く成《な》る事《こと》も在《あ》るなれど、人民《じんみん》の改心《かいしん》さえ出来《でき》たなら、余《あま》りイヤな事《こと》の無《な》いように、良《よ》い方《ほう》へ立替《たてか》えて、夫《そ》れ夫《ぞ》れの御用《ごよう》の命令《めいれい》を下《さ》げて、良《よ》い霊《れい》を入《い》れ替《か》えて与《や》ると、皆《みな》が勇《いさ》みて良《よ》い御用《ごよう》が出来《でき》るから、一日《いちにち》の日《ひ》の間《ま》にでも手《て》の平《ひら》を覆《かや》して、良《よ》く為《し》て与《や》るなれど、がいこくの悪《わる》い性来《しょうらい》が移《うつ》りて居《お》るから、日本《にほん》の国《くに》の守護神《しゅごじん》が矢張《やは》り、がいこくに化《な》りて了《しも》うて居《お》るから、今《いま》の心《こころ》では、霊魂《みたま》にして、国替《くにが》えでもさして洗濯《せんたく》を致《いた》さねば、到底言《とうてい》い聞《き》かした位《くらい》で聞《き》くような優《やさ》しい身魂《みたま》が無《な》いぞよ。

世《よ》に出《で》て居《お》れる方《ほう》の守護神《しゅごじん》が気《き》が付《つ》いて来《き》たら、元《もと》は日本《にほん》で湧《わ》いたので在《あ》るから、日本《にほん》の中《うち》において守護《しゅご》さして与《や》りたいなれど、がいこくに化《な》りて了《しも》うて居《お》るから、八九分《はちくぶ》の身魂《みたま》を出直《でなお》しに致《いた》さねば、斯処《ここ》へ成《な》りてからはモウ日《ひ》の間《ま》が無《な》いから、早《はや》く日本《にほん》の身魂《みたま》に立《た》ち帰《かえ》れば、此《こ》の先《さき》は大国常立尊《おおくにとこたちのみこと》の、斯《こ》の世《よ》は自由《じゆう》であるから、善《ぜん》の心《こころ》に立《た》ち帰《かえ》りたら、善《ぜん》の身魂《みたま》に致《いた》して、此《こ》の先《さき》は良《よ》く致《いた》してやりて、上《うえ》へ上《あ》がりて日本《にほん》の国《くに》を茲《ここ》までに、がいこくの性来《しょうらい》に為《し》て了《しも》うた其《そ》の悪《あく》の名《な》を表《あら》わさずに、許《ゆる》して与《や》るぞよ。

是《これ》からは、善一《ぜんひと》つの天《てん》と地《ち》との御先祖様《ごせんぞさま》の教《おし》えに立《た》て代《か》えて、悪《あく》と云《い》うような見《み》苦《ぐる》しい血統《ちすじ》は無《な》い様《よう》に致《いた》して、昔《むかし》の御先祖様《ごせんぞさま》の御血統《おちすじ》の生粋《きっすい》の世《よ》に、日本《にほん》の国《くに》を致《いた》しておいて、今度《こんど》の二度目《にどめ》の世《よ》の立替《たてか》えを致《いた》さねば、斯《こ》の世《よ》はこの儘《まま》では立《た》ちて行《い》かんから、此《こ》の大本《おほもと》の変性男子《へんじょうなんし》と変性女子《へんじょうにょし》との、人民《じんみん》には見当《けんとう》の取《と》れん御用《ごよう》が、神《かみ》の経綸《しぐみ》でさして在《あ》るから、何程人民《なにほどじんみん》が智慧《ちえ》、学《がく》で考《かんが》えても、解《わか》りは致《いた》さんぞよ。

是《これ》が人民《じんみん》に解《わか》りたら、三千年余《さんぜんねんあま》りての大望《たいもう》な経綸《しぐみ》が成就《じようじゆ》いたさんから、一輪《いちりん》の仕《し》組《ぐみ》は今《いま》の今《いま》まで申《もう》さんぞよ。

三段《さんだん》に分《わ》けて在《あ》る霊魂《みたま》を、目鼻《めはな》を付《つ》けねば成《な》らんなり、何《ど》の様《よう》にも目鼻《めはな》が一寸《ちよつと》には付《つ》かんから、血筋《ちすじ》が混《ま》ぜこぜの無茶苦茶《むちやくちや》に成《な》りて了《しも》うて、是迄《これまで》の筆先《ふでさき》に大略《あらまし》は判《わか》りて居《お》りても、肝腎《かんじん》の事《こと》が未《ま》だ出《だ》して無《な》いから、是《これ》が中々大望《なかなかたいもう》と申《もう》すので在《あ》るぞよ。

大望《たいもう》と口《くち》で申《もう》しても、本真《ほんま》に致《いた》さんぞよ。大事《だいじ》の性念場《しようねんば》と成《な》りて、動《うご》きの取《と》れん事《こと》に成《な》らんと気《き》が付《つ》かんが、其所《そこ》で気《き》が付《つ》いても世間並《せけんなみ》で、何《なに》も仕様《しよう》が無《な》いから、因縁《いんねん》ある身魂《みたま》を、この大本《おほもと》へ神《かみ》が綱《つな》を掛《か》けて引《ひ》き寄《よ》して、知《し》らして居《お》れど、余《あま》り慢心《まんしん》がヒドイので、改心《かいしん》の出来《でき》る身魂《みたま》が何程《なにほど》も無《な》いから、物事《ものごと》が遅《おく》れて、神《かみ》の迷《めい》惑《わく》どころか、世界《せかい》の何《なに》も知《し》らぬ人民《じんみん》が永《なご》う苦《くる》しむのが可愛想《かわいそう》で、神《かみ》が目《め》を明《あ》けて見《み》て居《お》れんから、大本《おほもと》へ立《た》ち寄《よ》る人《ひと》は、因縁《いんねん》の深《ふか》い身魂斗《みたまばか》りであるから、大本《おほもと》の中《なか》から一番《いちばん》に改心《かいしん》いたして下《くだ》されよ。

日《に》本《ほん》の国《くに》には神《かみ》から大望《たいもう》な仕組《しぐみ》が為《し》て在《あ》る、向《む》うの国《くに》も大《おお》きな仕組《しぐみ》を致《いた》して居《お》るが、戦争《せんそう》と天災《てんさい》とがはじまりたら、人民《じんみん》が三分《さんぶ》に減《な》ると初発《しょっぱつ》の筆先《ふでさき》に書《か》いてあるなれど、茲《ここ》に成《な》ると、世界《せかい》に残《のこ》る人民《じんみん》が二分位《にぶぐらい》より無《な》いぞよ。日本《にほん》の国《くに》には、誠《まこと》の者《もの》が二分《にぶ》残《のこ》る仕組《しぐみ》で在《あ》れど、向《むこ》うの国《くに》は、まだ約《つま》らん仕組《しぐみ》をダラダラと致《いた》して、キマリの無《な》い行《や》り方《かた》で、行《い》ける所《とこ》まで行《い》く、後前構《あとさきかま》わずで、何時《いつ》まで掛《か》かりても頓着《とんちゃく》は致《いた》さず、自分《われ》の代《よ》に奪略《とれ》な子《こ》の代《よ》に奪《と》る、子《こ》の代《よ》に奪《と》れな孫《まご》の代《よ》に取《と》ると云《い》う、気長《きなが》な仕組《しぐみ》を仕《し》て居《お》るから、日本《にほん》の人民《じんみん》は、男子《おとこ》は当然《あたりまえ》なり、女子《おんな》も小供《こども》も、霊主肉従《ひのもと》の日本魂《やまとだましい》の性来《しょうらい》に成《な》りて了《しま》わねば、今《いま》の如《よ》うなハイカラの心《こころ》は、がいこくの身魂《みたま》に成《な》り限《きり》て居《お》るから……、がいこくの仕組《しぐみ》は先《さき》の約《つま》らん、行《い》ける所《とこ》まで行《い》きて、行《い》けんように成《な》りた所《とこ》に、モ一《ひと》つと云《い》う経綸《しぐみ》がして無《な》いから、がいこくのいうように今日本《いまにほん》の守護神《しゆごじん》、人民《じんみん》が致《いた》して居《お》りたら、世界《せかい》の身魂《みたま》がジリジリ減《べ》りに無《な》くなりて、元《もと》の泥海《どろうみ》に成《な》るぞよ。

是《これ》ほど天地《てんち》の神《かみ》が、茲《ここ》まで苦労艱難《くろうかんなん》、悔《くや》しき事《こと》を耐《こば》り約《つめ》て来《き》た事《こと》が、水《みず》の泡《あわ》には出来《でき》んから、成可《なるべ》くは人民《じんみん》を減《へ》らさんように致《いた》したいと思《おも》うて、変生男子《へんじようなんし》の身魂《みたま》が余《あま》り苦労致《くろういた》して来《き》たから、人《ひと》の苦労《くろう》が身《み》に沁《し》みて、心《こころ》が沈《しず》みて門《かど》へ出《で》るのも厭《いや》がりて居《お》るが……、是迄《これまで》の人民《じんみん》の心《こころ》では、如何《どう》しても何方《どちら》の国《くに》も人《ひと》が減《へ》る、一度《いちど》の改心《かいしん》は人《ひと》が減《へ》るから、是《これ》までの心《こころ》を入《い》れ替《か》えて、新《さら》つの世《よ》に致《いた》すので在《あ》るから、どうぞ一時《いつとき》も早《はや》く改心《かいしん》を致《いた》して下《くだ》されよ。

明治三十三年旧九月十二日

艮《うしとら》の金神国武彦命《こんじんくにたけひこのみこと》と現《あら》われて、出口《でぐち》の手《て》で書《か》きおくぞよ。明治《めいじ》三十三年《ねん》の九月《がつ》十二日《にち》の筆先《ふでさき》であるぞよ。

出口《でぐち》を御苦労《ごくろう》に成《な》りた上《うえ》に、又御苦労《またごくろう》になりたぞよ。斯《こ》んな事《こと》を為《し》て見《み》せたとて、人民《じんみん》では何《なに》も判《わか》ろまいがな。何《なん》でも無《な》い事《こと》に、斯《こ》んな気苦労《きぐろう》はさせんぞよ。皆神《みなかみ》には経綸《しぐみ》の在《あ》る事《こと》じゃぞよ。

三十日《さんじゅうにちつと》勤めて下《くだ》さりたら、モウ三十日《さんじゅうにち》と申《もう》して在《あ》れ共《ども》、余《あま》り上田海潮《うえだかいちょう》もクスミて居《お》るから、一度切《いちどき》り上《あ》げて、戸《と》を明《あ》けさして……、今《いま》では何《ど》の様《よう》な事《こと》を為《し》て見《み》せても、斯《こ》の世《よ》が暗《くら》やみで在《あ》るから、何《ど》うしても立替《たてか》えと相定《あいさだ》めるぞよ。

出口《でぐち》は何《ど》んな事《こと》を申《もう》し付《つ》けたとて、厭《いや》と申《もう》さん神《かみ》の力《ちから》の取次《とりつぎ》じゃぞよ。

上田海潮《うえだかいちょう》も力《ちから》に致《いた》す取次《とりつぎ》なれど、其方《そなた》は未《ま》だ苦労《くろう》が尠《すく》ないから、一寸気《ちょつとき》を引《ひ》きて見《み》ると、気《き》に障《さえ》るなれど、神《かみ》は上手《じょうず》は申《もう》さんぞよ。

今《いま》は元《もと》の立直《たてなお》しの辛《つら》い処《とこ》であるぞよ。世《せ》界《かい》の政教《よ》の立替《たてか》えと云《い》うような、大望《たいもう》な真似《まね》がさして在《あ》るのじゃが、海潮《かいちょう》は承知《しょうち》で在《あ》ろうなあ。

今《いま》では、斯《こ》んな楽《らく》な行《ぎょう》が辛《えら》いと申《もう》して居《お》るが、身魂《みたま》に因縁無《いんねんな》くては、斯《こ》の御用《ごよう》には使《つか》わんぞよ。余《あま》り楽《らく》すぎると先《さき》で間《ま》に合《あ》わぬから、神《かみ》の道《みち》は、何《なん》でなりとも気《き》苦労《ぐろう》が在《あ》るぞよ。

昨年出口《さくねんでぐち》に言《い》わして在《あ》るが、海潮《かいちょう》の霊魂《みたま》は大将《たいしょう》に成《な》ろうと、またトコトン落《お》ちようと、精神《こころ》次第《しだい》で何方《どちら》にでも成《な》る身魂《みたま》で在《あ》るから、精神《こころ》の動《うご》かんように致《いた》されよ。

今《いま》が大事《だいじ》の所《とこ》じゃぞよ。

神《かみ》の仕組《しぐみ》の致《いた》して在《あ》る身魂《みたま》で在《あ》るから、神《かみ》は放《はな》さんから、胴《どう》を据《す》えて、成《な》ろうように致《いた》して居《お》りて下《くだ》されよ。澄子《すみこ》も行儀《ぎょうぎ》を良《よ》く致《いた》さんと、大元《おおもと》の中《なか》から立直《たてなお》し致《いた》す為《ため》に、海潮《かいちょう》を御苦労《ごくろう》に成《な》りたのじゃぞよ。

神《かみ》の道《みち》では布教師《とりつぎ》、公人《くにん》、役人《やくにん》、頭《かしら》を致《いた》して居《お》るものは、改《あらた》め致《いた》すと申《もう》して、筆《ふで》先《さき》に出《だ》して在《あ》ろうがな。そろそろとはじまるぞよ。皆出《みなで》て来《く》るぞよ。これだけ出《で》口《ぐち》と海潮《かいちょう》に気苦労《きぐろう》をさして、年《とし》の行《い》かん澄子《すみこ》にも、今《いま》から気苦労《きぐろう》をさし、それに就《つ》いて四《し》方平蔵《かたへいぞう》どの、中村竹造《なかむらたけぞう》どの、帰神信者《かんがかりしんじや》の人《ひと》、皆《みな》それぞれに気苦労《きぐろう》さして居《お》れ共《ども》、神《かみ》は嘘《うそ》は申《もう》さんぞよ。

今《いま》が斯《こ》の世《よ》の変《か》わり目《め》の一番《いちばん》に辛《つら》い所《とこ》であるから、是《これ》から神在《かみあ》るか無《な》いかを判《わ》けて見《み》せて、神《かみ》に縋《すが》りて居《お》りたならこそと申《もう》すように致《いた》すぞよ。

明治三十七年旧正月十一日

艮《うしとら》の金神《こんじん》はモウ斯《こ》の世《よ》へ出《だ》さん心算《つもり》で、世《よ》に押《お》し籠《こ》めて居《お》いて、好《す》き寸法《すっぽう》の世《よ》の持《も》ち方《かた》、未《ま》だ為《し》足《た》らいで、外国《がいこく》と混《ま》ぜ交《こ》ぜの世《よ》に致《いた》して、此《こ》の状態《なり》で続《つづ》いて行《い》くように思《おも》うて、日本《にほん》の国《くに》を自由《じゆう》に致《いた》したが、茲《ここ》までに致《いた》したら本望《ほんもう》で在《あ》ろう、是《これ》から返報《へんぽう》がやしを致《いた》すぞよ。日本《にほん》の人民《じんみん》、大部《だいぶ》困《くる》しむぞよ。

明治三十七年旧正月十六日

明治《めいじ》三十三年《ねん》から丹後《たんご》の雄島《おしま》へ参《まい》り、雌島開《めしまびら》きと云《い》うような、昔《むかし》から人民《じんみん》の行《い》かれなんだ所《ところ》を、今度《こんど》二度目《にどめ》の世《よ》の立替《たてか》えに付《つ》いて開《ひら》かして在《あ》るのは、大望《たいもう》な事《こと》で在《あ》るなれど、人民《じんみん》からは何《なに》も解《わか》らんなれど、鞍馬山《くらまやま》へ往《い》ったのも、是《これ》も大望《たいもう》な仕《し》組《ぐみ》で在《あ》りたぞよ。

出雲《いずも》へ参拝《さんぱい》を致《いた》したのも、大望《たいもう》な事《こと》ばかりでありたぞよ。

艮《うしとら》の金神《こんじん》、表《おもて》に成《な》りて覇張《はば》るので無《な》いぞよ。世《よ》の立替《たてか》えであるから知《し》らせんと、世界《せかい》の人民何《じんみんなに》も判《わか》らんから、知《し》らす御役《おんやく》であるぞよ。

判《わか》りたら、神《かみ》は何《なに》も申《もう》さんぞよ。世《よ》が治《おさ》まりたらば、何《なに》も神《かみ》は申《もう》さんなれど、いうて遣《や》らんと、人民《じんみん》では判《わか》らんことで在《あ》るから、モウ暫《しばら》くじゃ、今《いま》だけじゃぞよ。

機織《はた》の初《はじ》まり、綾部《あやべ》が元《もと》ぞよ。神戸村《かんべむら》（今《いま》の本宮神宮也《ほんぐうじんぐうなり》）が錦《にしき》の元《もと》ぞよ。

斯《こ》の大本《おほもと》は、錦《にしき》の機《はた》の経綸《しぐみ》であるぞよ。和合致《わごういた》して、坤《ひつじさる》の金神《こんじん》に、模様《もよう》を是《これ》から拵《こしら》えさすぞよ。此《こ》の次《つぎ》に、竜宮《りゅうぐう》の音姫様《おとひめさま》、坤《ひつじさる》の金神《こんじん》あらわすぞよ。

竜宮《りゅうぐう》の音姫様《おとひめさま》は、今度《こんど》日《ひ》の出《で》の守《かみ》に手柄《てがら》をさして、竜宮館《りゅうぐうやかた》に御鎮《おしず》まり成《な》さるのじゃぞよ。
乙姫様《おとひめさま》を御願《おねが》い申《もう》せば、衣類《いるい》、食物《しょくもつ》、小遣《こづか》いを御授《おさず》け成《な》さるぞよ。
是《これ》までとは物事《ものごと》が変《か》わりて、元《もと》の生神《いきがみ》が守護致《しゅごいた》すから激《はげ》しいぞよ。

実地《じっち》の生神《いきがみ》は、世界《せかい》の国《くに》を潰《つぶ》れぬように、暑《あつ》さ寒《さむ》さの厭《いと》いも無《な》く、夜昼《よるひる》の区別《くべつ》も無《な》く、人民《じんみん》を助《たす》ける為《ため》に、三千年《さんぜんねん》あまりて流路《るろう》に立《た》ちて居《お》りたぞよ。
悔《くや》し、残念《ざんねん》を忍耐《こばり》て居《お》りたら、待《ま》ち焦《こ》がれた松《まつ》の世《よ》が参《まい》りて、元《もと》の大神様《おおかみさま》の御出《おで》ましの世《よ》に成《な》りたのが、時節《じせつ》であるぞよ。

是《これ》から表面《おもて》に現《あら》われて守護《しゅご》いたすぞよ。

明治三十七年旧正月十一日

明治《めいじ》二十五年《ねん》に、初発《しょっぱつ》に、艮《うしとら》の金神《こんじん》が出口直《でぐちなお》を氏神様《うじがみさま》へ披露《ひろう》して下《くだ》されと申《もう》して、直《なお》を連《つ》れ参《まい》りた折《おり》、三日目《みっかめ》に世《よ》に御披露《ごひろう》が在《あ》りたから、艮《うしとら》の金神《こんじん》が御待《おま》ち受《う》け致《いた》して居《お》りたら、竜宮《りゅうぐう》の乙姫殿《おとひめどの》が、初発《しょっぱつ》に御歓《およろこ》びに御出《おい》で遊《あそ》ばしたが、活溌《かっぱつ》な御方《おかた》で在《あ》るから、今度《こんど》一番《いちばん》の御手柄遊《おてがらあそ》ばすぞよ。

今度《こんど》は誠一《まことひと》つを突《つ》き抜《ぬ》く、松心《まつごころ》の身魂《みたま》は出世《しゅっせ》が速《はや》いぞよ。誠《まこと》のものから好《よ》く致《いた》すぞよ。

大正六年旧九月三十日

天《てん》の御先祖様《ごせんぞさま》が天御中主大神《みろくさま》であるぞよ。全智全能神様《つきのおおかみさま》であるぞよ。地《ち》の世界《せかい》では天体之《だ》精、大霊魂《る》球之主、一出現《ま》世と現《あら》われて、隠《かく》れて守護《しゅご》致《いた》しなされたのを、世界《せかい》の人民《じんみん》は何《なに》も知《し》らずに、禅宗《ぜんしゅう》のダルマと混《ま》ぜ交《こ》ぜに致《いた》して、弄《もちやそ》びにまで化《な》りて、世《よ》に落《お》とされて御出《おい》で遊《あそ》ばした結構《けっこう》な神様《かみさま》を、今度《こんど》世《よ》に表《あら》わして、御神徳《ごしんとく》を拡《ひろ》めるのが、変性男子《へんじょうなんし》の御役《おんやく》であるぞよ。

形体具《み》足成就、霊能《ろ》完美、成付《く》言霊の大神様《おおかみさま》は、弥勒菩薩《みろくぼさつ》と仏事《ぶつじ》に化《な》りて御出《おい》で遊《あそ》ばしたなり、日《ひ》の大神様《おおかみさま》は光明如来《こうみょうにょらい》と化《な》りて、仏事《ぶつじ》に落《お》ちてお出《い》で遊《あそ》ばしたのを、今度《こんど》の世《よ》の立替《たてか》えで、全部現《すつくりあら》われて、御神力《ごしんりき》を御見《おみ》せ成《な》さる時節《じせつ》が循《めぐ》りて来《き》たぞよ。

天照皇大神宮殿《てんしょうこうたいじんぐうどの》も、表面《うわつら》は神道《しんどう》で立《た》て、奥《おく》の院《いん》は矢張《やは》り仏事《ぶつじ》が祭《まつ》りて在《あ》りたぞよ。

大国常立尊《おおくにとこたちのみこと》は余《あま》り力《ちから》が強《つよ》すぎたので、斯《こ》んな猛烈《はげし》き神《かみ》を斯《こ》の世《よ》の大将《たいしょう》に仕《し》て貰《もろ》うたら、外《ほか》の神《かみ》は一柱《ひとり》も能《よ》う勤《つと》めんと、神々《かみがみ》の心《こころ》が一致《いっち》して、天《てん》の大神《おおかみ》様《さま》へ御願《おねが》い在《あ》りたゆえ、夫《そ》れなれば一柱《ひとり》と多神《おおぜい》とは代《か》えられんと仰《おお》せありて、艮《うしとら》へ押《お》し込《こ》めよと御命令《ごめいれい》が下《さ》がり、八百万《やおよろず》の神《かみ》に艮《うしとら》へ追《お》い退《や》られて、艮能《うしとらの》金神《こんじん》と名《な》を付《つ》けられ、独神《ひとりみ》と成《な》りて、日《ひ》の本《もと》の大神《おおかみ》が仏事《ぶつじ》の守護《しゅご》致《いた》して茲《ここ》までは来《き》たなれど、何彼《なにか》の時節《じせつ》が廻《まわ》りて来《き》て、仏事《ぶつじ》の世《よ》の終《おわ》りが末法《まっぽう》の世《よ》と申《もう》して、未《ま》だ万年《まんねん》も続《つづ》くので在《あ》りたのを、世《よ》を縮《ちぢ》めて、艮《うしとら》の金神《こんじん》の世《よ》と致《いた》して、結構《けっこう》な神《かみ》代《よ》に捻直《ねじなお》すので在《あ》るぞよ。

艮《うしとら》の金神《こんじん》は永《なが》らく世《よ》に押《お》し込《こ》められて、苦労艱難《くろうかんなん》、悔《くや》し残念《ざんねん》を堪《こば》り詰《つ》めて来《き》た報《むく》いで、太初《もと》からの経綸通《しぐみどお》りの世《よ》が循《まわ》りて来《き》たから、霊主体従《ひのもと》の経綸通《しぐみどお》りになりて、善《ぜん》と悪《あく》との立《た》て別《わ》けを致《いた》す世《よ》に成《な》りたから、悪《あく》の身魂《みたま》は隠《かく》しても隠《かく》されず、我《われ》と我身《わがみ》に露《あら》われて来《く》るのが、天地《てんち》の冥加《みょうが》に尽《つ》きたので在《あ》るぞよ。天地《てんち》の先祖《せんぞ》の苦労《くろう》で創造《こしらえ》た斯《こ》の世界《せかい》を、悪魔《あくま》の自由自在《じゆうじざい》に致《いた》したが、茲《ここ》まで斯《こ》の世《よ》を持《も》ち荒《あら》したら本望《ほんもう》で在《あ》ろう。天地《てんち》の先祖《せんぞ》が、悪《あく》の身魂《みたま》を露《あら》わせずに赦《ゆる》して遣《や》りても、筆先《ふでさき》には書《か》いて置《お》かんと、斯《こ》んな事《こと》に成《な》りて居《お》るのに、知《し》らずに居《お》りたかといわれては、天地《てんち》の先祖《せんぞ》も、元《もと》の御血筋《おちすじ》も、威徳《いとく》に傷《きず》が付《つ》くから、是非《ぜひ》なく書《か》き残《のこ》すぞよ

今迄《いまでこ》斯の世《よ》を悪《あく》で搦《から》みて来《き》た八頭《やつがしら》、八尾《やつお》の経綸《しぐみ》も、茲《ここ》までの事《こと》より出来《でき》んぞよ。九分九厘《くぶくりん》で体主霊従《あくく》の守護《しゅご》の輪止《りんど》まりと成《な》りて〇〇〇、この先《さき》は霊主体従《ひのもと》の経綸《しぐみ》

の設備《こしらえ》は致《いた》してあるぞよ。今迄《いままで》善《ぜん》の方《ほう》の御血統《おちすじ》は、暗黒《くらやみ》の世《よ》に成《な》りて了《しも》うて居《お》りた世《よ》が、日《ひ》の出《で》の守護《しゅご》と成《な》りて来《き》たから、今度《こんど》の二度目《にどめ》の世《よ》の立替《たてか》えを致《いた》すには、太元《おおもと》を拵《こしら》えた覚《おぼ》えの在《あ》る霊魂《みたま》で無《な》いと出来《でき》んぞよ。元《もと》のミロク様《さま》の世《よ》へ戻《もど》したら、悪《あく》の血筋《ちすじ》は現世《このよ》には無《な》い様《よう》に、善一《ぜんひと》ツで世《よ》を立《た》て行《い》かねば、悪《あく》の性来《しょうらい》が微塵程《みじんほど》でも混《ま》ぜりたら、斯《こ》の世《よ》は立《た》ちては行《い》かんぞよ。斯《こ》う成《な》る事《こと》が世《よ》の元《もと》から能《よ》く判《わか》りて居《お》るから、元《もと》から仕組《しぐみ》が為《し》てありた世《よ》が廻《まわ》りて来《き》たのであるから、国常立尊《くにとこたちのみこと》が奈袁《なお》の手《て》で書《か》きおくぞよ。口《くち》で申《もう》した丈《だけ》では、取《と》り遺《お》としが在《あ》りてはならんから、書《か》かしておくぞよ。

世《よ》の立替《たてか》えを致《いた》したら、末代《まつだい》の事《こと》が定《き》まりて、巌《いわ》に松《まつ》の世《よ》に成《な》りて、天地《てんち》の先祖《せんぞ》が神界《しんかい》から世《よ》を構《かま》うから、中々激《なかなかはげ》しき世《よ》と成《な》るぞよ。

斯《こ》の世《よ》に判《わか》りた身魂《みたま》が無《な》いので、変性男子《へんじょうなんし》も変性女子《へんじょうにょし》も、中々骨《なかなかほね》の折《お》れる事《こと》であるぞよ。今《いま》の人民《じんみん》は、表面《うえ》から見《み》た丈《だけ》により何事《なにごと》も見《み》えんから、余《あま》り世《よ》に落《お》として結構《けっこう》な御用《ごよう》が命《さ》して在《あ》るから、筆先《ふでさき》に書《か》かしてある事《こと》が世界《せかい》から出《で》て来《こ》ねば、誰《たれ》も本真《ほんま》に致《いた》さんから、改心《かいしん》が出来《でけ》いで暇《ひま》が要《い》るのであるぞよ。

天地《てんち》の元《もと》の一輪《いちりん》の御血統《おちすじ》の御手伝《おてつだ》いをなさる守護神《しゅごじん》を、三段《さんだん》に分《わ》けてあるから、三段《さんだん》の身魂《みたま》に、夫《そ》れ夫《ぞ》れの目鼻《めはな》を付《つ》けねば世《よ》は治《おさ》まらぬから、何《なん》に付《つ》けても大望《たいもう》斗《ばか》りで在《あ》るぞよ。

事《こと》の分《わ》からん強《つよ》い斗《ばか》りでは、世《よ》は治《おさ》まらぬぞよ。斯《こ》の世《よ》を持《も》ちて行《い》くのは、何《ど》の身魂《みたま》でもと云《い》う事《こと》には行《い》かぬ、末代《まつだい》の事《こと》の判《わか》りて居《お》る霊魂《みたま》が、斯《こ》の世《よ》を持《も》ちて行《い》かねば、世《よ》は途中《とちゅう》に乱《みだ》れて了《しも》うて、往《ゆ》きも還《もど》りも成《な》らん事《こと》になると云《い》う事《こと》が、筆《ふで》先《さき》で知《し》らして在《あ》ろうがな。日本《にほん》の国《くに》に経綸《しぐみ》が為《し》て無《な》かりたら、此《こ》の先《さき》は、世《よ》に出《で》て居《お》れる方《ほう》の守護神《しゅごじん》には、末代《まつだい》の世《よ》を持《も》ちて行《い》く神《かみ》は無《な》いぞよ。有《あ》るなら申《もう》して出《で》て下《くだ》されよ。

末代《まつだい》の規則《きそく》を制定場所《きめるばしょ》は、綾部《あやべ》の大本《おおもと》と末代《まつだい》きまりたので在《あ》るぞよ。天《てん》のミロクの大神様《おおかみさま》と地《ち》の国常立尊《くにとこたちのみこと》が天地《てんち》の王《おう》で、末代《まつだい》の規則《きそく》を制定《きめる》ぞよ。

今迄《いままで》は変化《ばけ》たり化《ば》かしたり致《いた》して、茲《ここ》までの御用《ごよう》を命《さ》したが、世《よ》に出《で》て居《お》れる守護神《しゅごじん》、人民《じんみん》に解《わか》らん事《こと》で在《あ》るから、暇《ひま》が要《い》るなれど、明治《めいじ》二十五年《ねん》から書《か》かしておいた事《こと》は、皆出《みなで》て来《き》て居《お》るぞよ。

昔《むかし》から無《な》い事《こと》であると申《もう》して在《あ》ろうがな。無《な》い事《こと》が皆出《みなで》て来《く》るから、筆先《ふでさき》で先《さき》に知《し》らして在《あ》るのじゃぞよ。

元《もと》のミロク様《さま》の世《よ》の間《あいだ》は、誠《まこと》に善《よ》き世《よ》で在《あ》りたなれど、くれて行《い》くに従《したが》い、元《もと》の御血筋《おちすじ》の行《や》り方《かた》では、辛《つろ》うて能《よ》う堪《こば》らん神《かみ》が出来《でき》て、終《しま》いには、多勢《おおぜい》の神《かみ》の自由《じゆう》に致《いた》して来《き》たのであるぞよ……。

斯《こ》の世《よ》一切《いっさい》の事《こと》を致《いた》すには、何《ど》の身魂《みたま》も拵《こしら》えて置《お》かねば成《な》らんから、上《かみ》の霊魂《みたま》と下《しも》の霊魂《みたま》と中《なか》の霊魂《みたま》と、三段《さんだん》に立《た》て別《わ》けて在《あ》りたのが、暮《く》れて行《い》く世《よ》に連《つ》れて、下《しも》の霊魂《みたま》にエライ間違《まちが》いが出来《でき》て、上《かみ》の霊魂《みたま》を押《お》し込《こ》める如《よ》うに成《な》り、上《かみ》が下《しも》に、下《しも》が上《かみ》に、大《だい》の字《じ》逆様《さかさま》の大《おお》きな間違《まちが》いが出来《でき》て来《く》る事《こと》が、能《よ》く見《み》えて居《お》りたから、〇《まる》に十《じゅう》を書《か》かして、白《しろ》い所《とこ》を二分《にぶ》、八分《はちぶ》は真黒《まつくろ》に致《いた》して、明治《めいじ》二十五年《ねん》の初発《しよつぱつ》に知《し》らしてある通《とお》りに、世界《せかい》が成《な》りて居《お》るぞよ。何事《なにごと》も、物事《ものごと》が皆逆様《みなさかさま》に覆《かえ》りて居《お》る斯《こ》の世《よ》を、本《もと》へ捻直《ねじなお》さねば成《な》らぬから、何《なに》に付《つ》けても大望《たいもう》ばかりで在《あ》るぞよ。

日本《にほん》の身魂《みたま》が、がいこくの身魂《みたま》に化《な》り切《き》りて了《しも》うて居《お》るぞよ。がいこくの頭《かしら》が日本《にほん》へ渡《わた》りて来《き》て、がいこくよりも勝《まさ》りて悪《わる》き行《や》り方《かた》に致《いた》して、今《いま》の体裁《ていさい》、日本《にほん》の国《くに》の〇〇〇自由《じゆう》に致《いた》して、田舎《いなか》へ連《つ》れ参《まい》りて……昔《むかし》には……夫婦《ふうふ》を〇〇〇〇〇〇〇〇、〇〇〇〇〇〇〇〇〇〇〇〇、御簾《みす》を揚《あ》げ〇〇〇〇〇〇〇〇〇〇申《もう》した位《くらい》で在《あ》りたのに、今《いま》の体裁《ていさい》、がいこくじんに化《ば》かされて、能《よ》うも茲《ここ》までに汚《けが》されたものじゃ。

悪《あく》の頭《かしら》に自由自在《じゆうじざい》に為《し》られて、天地《てんち》の大神様《おおかみさま》へ何《ど》う申《もう》し訳《わけ》が出来《でき》るか、申《もう》し訳《わけ》が出来《でき》る守護神《しゅごじん》が一方《ひとかた》でも有《あ》るの乎《か》。何《なに》も今《いま》に判《わか》ろまいがな。判《わか》らんのは、がいこくの性来《しょうらい》に化《な》り切《き》りて居《お》るから……。

日本《にほん》の国《くに》の倭魂《やまとだましい》で在《あ》りたなら、天地《てんち》の先祖《せんぞ》が書《か》かして在《あ》る筆先《ふでさき》が判《わか》りて、天地《てんち》の御恩《ごおん》が判《わか》らん成《な》らんぞよ。日本《にほん》の人民《じんみん》が、がいこくよりも下《した》の身魂《みたま》に化《な》りて、余《あま》り惨《むご》い事《こと》であるから、顕《あら》わす事《こと》も出来《でき》ず、天地《てんち》の大神《おおかみ》を茲《ここ》までに能《よ》くも致《いた》した。悪《あく》の頭《かしら》に抱《だ》き込《こ》まれて、洋〇〇〇〇〇〇〇、そこら辺《あた》りをウロウロと、〇〇共《ども》出《で》て歩《ある》く所《とこ》まで自由《じゆう》に為《し》られるのが、元《もと》の性来《しょうらい》を、露《あら》わせられて居《お》るのが未《ま》だ判《わか》らんか。余《あま》りの事《こと》で、末代遺《まつだいのこ》す世《よ》の本《もと》からの履歴《りれき》を、書《か》き遺《のこ》してあるぞよ。

天地《てんち》の先祖《せんぞ》が、此《こ》の先《さき》の末代《まつだい》の世《よ》を持《も》って行《い》かねば成《な》らん時節《じせつ》が廻《まわ》りて来《き》たぞよ。

鬼《おに》でも蛇《じゃ》でも悪魔《あくま》でも、時節《じせつ》には叶《かな》わんから、従《したが》う処《とこ》へは従《したご》うて行《い》けば、嬉《うれ》しい事《こと》になりて、何《なん》とした結構《けっこう》な事《こと》に成《な》りたと申《もう》して、上《うえ》から下《した》まで歓《よろこ》びて、善一《ぜんひと》つの道《みち》で、嬉《うれ》し嬉《うれ》しの生花《いきばな》が開《ひら》くぞよ。

今《いま》が大峠《おおとうげ》となる所《とこ》で在《あ》るから、皆《みな》が辛《つら》いなれど、日本《にほん》の人民《じんみん》に判《わか》りて来《き》て、元《もと》の日本魂《やまとだましい》に成《な》りて来《き》たら、元《もと》のミロク様《さま》の世《よ》と成《な》りて、人民《じんみん》の寿命《じゅみょう》も長《なが》くなり、神《かみ》は烈敷《はげし》くなるなれど、人民《じんみん》は穏《おだや》かに暮《く》らす如《よ》うに成《な》るぞよ。

人民《じんみん》が歓《よろこ》べば、上《うえ》の大神《おおかみ》の御歓《およろこ》びと成《な》るぞよ。是迄《これまで》は上《うえ》ばかりが得意時代《よきよ》で、下《しも》人民《じんみん》はヒシと行《い》けなんだが、余《あま》り斯《こ》の世《よ》に大《おお》きな運否運《うんぷ》が在《あ》りて、好《よ》き者《もの》は好《よ》い斗《ばか》り、貧窮者《わるいもの》は不運斗《わるいばか》りで、何時《いつ》に成《な》りても頭《あたま》が上《あ》がらず、可愛相《かわいそう》で神《かみ》が見《み》て居《お》れんぞよ。

上《うえ》の人民《じんみん》が贅沢《ぜいたく》なから、下《した》までが見習《みなろ》うて又贅沢《またぜいたく》を致《いた》すが、何時《いつ》までも斯《こ》んな行《や》り方《かた》では続《つづ》かんぞよ。天地《てんち》の先祖《せんぞ》の構《かま》う世《よ》に成《な》れば、今迄《いままで》の様《よう》な贅沢《ぜいたく》な行《や》り方《かた》を根本《もと》から変《か》えさせねば、此《こ》の儘《まま》で行《や》り放題《ほうだい》にさして置《お》いたら、上《かみ》も下《しも》も総潰《そうつぶ》れと成《な》りて、斯《こ》の世《よ》は立《た》たん事《こと》に成《な》るぞよ。

是《これ》までの世《よ》の持《も》ち方《かた》は、後前構《あとさきかま》わん利己主義《われよし》の行《や》り方《かた》で在《あ》るから、強《つよ》いもの勝《が》ちで、弱《よわ》い者《もの》は路頭《ろとう》に立《た》ちたぞよ。上斗《うえばか》り宜《よ》くても下《しも》が立《た》たねば、この世《よ》は治《おさ》まらんから、上下《かみしも》揃《そろ》うて勇《いさ》む神代《かみよ》に立替《たてか》え致《いた》して、天《てん》の御先祖様《ごせんぞさま》に御渡《おわた》し申《もう》すぞよ。何程上《なにほどかみ》を大事《だいじ》に思《おも》うても、下《しも》が立《た》ちて行《い》かねば、上《かみ》も何《なん》と無《な》く淋《さぶ》しく成《な》るぞよ。上《かみ》に立《た》つ神《かみ》に何程力《なにほどちから》が在《あ》りたとて、付々《つきづき》の一《いち》の眷属《けんぞく》、二《に》の眷属《けんぞく》に豪神《えらもの》が無《な》い事《こと》には、上《かみ》は立《た》ちては行《い》かんぞよ。眷属《けんぞく》の神《かみ》が善《よ》く無《な》かりたら、上《うえ》の神《かみ》も立《た》たんぞよ。初発《しょっぱつ》のミロク様《さま》でも、彼《あ》れ位《くらい》に御神力《ごしんりき》が在《あ》りても、地《ち》の先祖《せんぞ》に何程神力《なにほどしんりき》が在《あ》りても、時節《じせつ》には何《なに》も叶《かな》わんぞよ。一《いち》の眷属《けんぞく》、二《に》の眷属《けんぞく》に謀反《むほん》が在《あ》りたら、何程大将《なにほどたいしょう》が独《ひと》り気張《きば》りても世《よ》は立《た》たんぞよ。

是迄《これまで》の世《よ》は付々《つきづき》にエライ謀反《むほん》が在《あ》りた故《ゆえ》に、今《いま》の上《かみ》の体裁《ていさい》、九分九厘《くぶくりん》で何彼《なにか》の事《こと》が露《あら》われて来《き》て、善《ぜん》と悪《あく》との立替《たてか》えで、上《あ》がる身魂《みたま》と下《さ》がる身魂《みたま》とで、世界《せかい》は大《おお》混雑《こんざつ》に成《な》るぞよ。悪《あく》の頭《かしら》の仕組《しぐみ》では、悪力《わるぢから》は何程《なにほど》でも出《で》るなれど、善《ぜん》の神《かみ》の世《よ》に時節《じせつ》が成《な》るので在《あ》るから、悪《あく》の世《よ》の終《おわ》りの悪力《わるぢから》では、世《よ》は治《おさ》まらんから、時節《じせつ》には叶《かな》わんから、素直《すなお》に改心致《かいしんいた》すが宜《よ》いぞよ。

素直《すなお》な身魂《みたま》から引《ひ》き立《た》てて、身魂相応《みたまそうおう》の事《こと》を命《さ》して遣《や》るから、其《そ》の日《ひ》から心《こころ》が楽《らく》になりて、嬉《うれ》し嬉《うれ》しで暮《く》れる如《よ》うに成《な》るなれど、何程気《なにほどき》を注《つ》けて遣《や》りても、我《われ》は豪《えら》いと慢心《まんしん》を為《し》て居《お》ると、皆《みな》が愛想《あいそう》を尽《つ》かして了《しも》うて、浪《なみ》に取《と》られた沖《おき》の船《ふね》、何《ど》処《こ》へ取《と》り付《つ》く島《しま》も無《な》く成《な》るぞよ。

大正四年旧四月六日

国常立尊《くにとこたちのみこと》が艮《うしとら》へ押《お》し籠《こ》められて居《お》りたから、丑寅《うしとら》の金神《こんじん》と名《な》を変《か》えられたので在《あ》るぞよ。

地《ち》の世界《せかい》の元《もと》の先祖《せんぞ》の国常立尊《くにとこたちのみこと》と、変性男子《へんじょうなんし》の身魂《みたま》が現《あら》われて来《こ》ぬと、至仁至愛神《みろくさま》の御出現《おでまし》は無《な》いのであるぞよ。ミロク様《さま》が御出現《おでまし》におなり成《な》されて変性女子《へんじょうにょし》が現《あら》われたなら、世界《せかい》は一度《いちど》に動《うご》くぞよ。

何事《なにごと》も一度《いちど》に世界中《せかいじゅう》の事《こと》が分《わ》かりて来《き》て、何《なに》を申《もう》さいでも一度《いちど》に開《ひら》く梅《うめ》の花《はな》、梅《うめ》と松《まつ》とで二度目《にどめ》の天《あま》の岩戸《いわと》を開《ひら》くぞよ。

昔《むかし》から、言《い》い置《お》きにも書《か》き置《お》きにも書物《しよもつ》にも無《な》い事《こと》実を、手本無《てほんな》しに書《か》き放題《ほうだい》に、根本《こんぽん》の事《こと》から書《か》いて知《し》らした事《こと》が、皆世界《みなせかい》から出《で》てくるので在《あ》るから、余程身魂《よほどみたま》の研《みが》けた人民《じんみん》で無《な》いと、判《わか》りかけが致《いた》さんぞよ。

今迄《いままで》は暗黒《やみくも》の世《よ》で、神《かみ》の白《もう》す事《こと》は、何事《なにごと》も人民《じんみん》には判《わか》らなんだなれど、天地《てんち》のビックリ箱《ばこ》が明《あ》くから、モウ判《わか》るのが速《はや》いぞよ。

判《わか》りた守護神《しゆごじん》は、自己《われ》の事《こと》どころか、斯《こ》んな惨《むご》い事《こと》に日本《にほん》の国《くに》を致《いた》したのは、身《み》魂《たま》の性来《しようらい》が元《もと》から悪《あく》でありたから、性来《しようらい》だけの事《こと》より出来《でき》なんだのじゃと云《い》う事《こと》が、自己《われ》に判《わか》りて来《き》て改心《かいしん》を致《いた》すなれど、判《わか》らん守護神《しゅごじん》と成《な》ると、未《ま》だ未《ま》だ是《これ》から上《のぼ》る事斗《ことばか》りを企《たく》らみて、中々《なかなか》の苦労《くろう》を致《いた》して居《お》るなれど、モウ時節《じせつ》が参《まい》りたから、思《おも》わくは立《た》たんぞよ。

茲《ここ》まで日本《にほん》の国《くに》の身魂《みたま》を、がいこくへ抜《ぬ》き取《と》りて、モット悪《あく》を栄《さか》えさして、末代《まつだい》悪《あく》で、此《こ》の儘《なり》で行《や》りて行《い》こうとの精神《せいしん》であると申《もう》して、筆先《ふでさき》で毎度《まいど》知《し》らして在《あ》るが、艮《とどめ》と成《な》りて、悪《あく》の守護神《しゅごじん》が自分《われ》の口《くち》から白状《はくじょう》いたして、善《ぜん》の方《ほう》へ慚愧《はじ》を晒《さら》して、御詫《おわ》びに参《まい》りて来《き》て、是迄《これまで》の悪《あく》を改心《かいしん》して善《ぜん》に立《た》ち帰《かえ》り、力一杯善《ちからいっぱいぜん》の為《ため》に活《はた》動《ら》きますから、天地《てんち》の御先祖様《ごせんぞさま》へ御詫《おわ》びを致《いた》して赦《ゆる》して下《くだ》されと申《もう》して、艮《うしとら》の金神《こんじん》の元《もと》へ参《まい》りて、キリキリ舞《ま》いを致《いた》す如《よ》うに成《な》りて来《く》るぞよ。いつ迄《まで》も、斯《こ》の世《よ》は悪《あく》では立《た》ちては行《い》かんから、一時《いっとき》も早《はや》く善《ぜん》へ立《た》ち皈《かえ》らんと、物事《ものごと》が遅《おそ》くなると申《もう》して、キリキリ舞《ま》いをして、自己《われ》の系族《ひっぽう》へ改心《かいしん》をさせに廻《まわ》りて居《お》るぞよ。

モ一《ひと》つの極悪《ごくあく》の大将《たいしょう》が吃驚《びっくり》を致《いた》して、是《これ》は大《おお》きな取《と》り違《ちが》いで在《あ》りたと気《き》が付《つ》いて来《く》ると、腰《こし》が抜《ぬ》けて了《しも》うて、早速《さっそく》には脚《あし》も立《た》たず、顎《あご》が外《はず》れて物《もの》は言《い》えず、斯《こ》の世《よ》に無《な》いと思《おも》うて居《お》りた日《ひ》の本《もと》の先祖《せんぞ》が、そんな経綸《しぐみ》が為《し》て在《あ》りたかと呆《あき》れて、逆立《さかだ》ちに成《な》りて、足《あし》が上《うえ》へ上《あ》がりて、手《て》でヌタリて苦《くる》しむ時節《じせつ》が参《まい》りて来《き》たぞよ。

何《なに》を申《もう》さいでも時節《じせつ》が廻《まわ》るから、時節《じせつ》を待《ま》ちて、喜《よろこ》ばれて返報《へんぽう》がやしは出来《でき》るから、人民《じんみん》に何事《なにごと》も時節《じせつ》を待《ま》てと、毎度《まいど》筆先《ふでさき》で知《し》らして居《お》るなれど、人民《じんみん》は直《す》ぐに返報《へんぽう》がやしを致《いた》そうとするから、仕損《しぞこ》ないが出来《でき》るので在《あ》るぞよ。

人民《じんみん》の肉体《にくたい》の生命《いのち》はチットの間《あいだ》で在《あ》るから、霊魂《みたま》の因縁性来《いんねんしょうらい》が判《わか》らんから、大変《たいへん》に思《おも》いが違《ちが》うので在《あ》るぞよ。人民《じんみん》と申《もう》すものは、現世《このよ》だけの事《こと》ほか判《わか》りて居《お》らんから、今度《こんど》の二度目《にどめ》の世《よ》の立替《たてか》えは、大望《たいもう》と申《もう》すので在《あ》るぞよ。人民《じんみん》は我一代《われいちだい》の事《こと》より判《わか》らんから、気《き》が忙《せっ》ろしいて、寿命《じゆみよう》も短《みじこ》う成《な》って了《しま》うのじゃぞよ。

天地《てんち》の御恩《ごおん》は、何《ど》れだけ深《ふか》いものと云《い》う事《こと》が解《わか》りて居《お》らんから、我《われ》の肉体《にくたい》の事《こと》より、霊魂《みたま》の因縁性来《いんねんしょうらい》が皆目解《かいもくわか》らんぞよ。誠《まこと》の日本魂《やまとだましい》に立《た》ち帰《かえ》りたら、何《なに》も明白《ありやか》に判《わか》る筈《はず》であれども、解《わか》らんのは矢張《やは》り、がいこく魂《だましい》に化《な》り切《き》りて居《お》るからであるぞよ。

世界《せかい》の守護神《しゅごじん》や人民《じんみん》に、天地《てんち》の御恩《ごおん》は何程《なんぼ》深《ふか》いか知《し》れんと云《い》う事《こと》が判《わか》りて居《お》りたら、今迄《いままで》に神《かみ》も、是《これ》だけの苦労艱難《くろうかんなん》は致《いた》さいでも好《よ》かりたなれど…………是《これ》まで世《よ》を乱《みだ》した事《こと》も、是《これ》から世《よ》を立直《たてなお》すのも、皆身魂《みなみたま》の因縁性来《いんねんしょうらい》の業《わざ》であるから、斯《こ》う云《い》う身魂《みたま》は斯《こ》う云《い》う事《こと》が出来《でき》ると云《い》う事《こと》を、末代後《まつだいあと》の世継《よつぎ》いたす身魂《みたま》に書《か》き残《のこ》しておくから……綾部《あやべ》の大元《おおもと》は、未《ま》だ地拵《じごしら》えで在《あ》るから、今《いま》では皆《みな》が御苦労《ごくろう》で在《あ》るなれど、世界《せかい》の大本《おほもと》に成《な》る尊《とうと》い所《ところ》であるぞよ。

今申《いまもう》しても、未《ま》だ人民《じんみん》は真実《まこと》に信仰《いたし》は為《せ》んから、後《のち》の為《ため》に筆先《ふでさき》に書《か》き遺《のこ》しておくぞよ。モウ判《わか》るに近《ちか》くなりたぞよ。

天《てん》の御先祖様《ごせんぞさま》の直《じき》の御血筋《おちすじ》の性来《しょうらい》と、地《ち》の先祖《せんぞ》の血筋《ちすじ》との性来《しょうらい》が、日本《にほん》の霊主体従《ひのもと》の根本《こんぽん》の日本魂《やまとだましい》であるから、煮《に》ても、焼《や》いても、たたき潰《つぶ》しても、引《ひ》っ裂《さ》きに来《き》ても、外《ほか》の身魂《みたま》の手《て》には合《あ》わんなれど、時節《じせつ》には神《かみ》も叶《かな》わんぞよと申《もう》して筆《ふで》先《さき》に出《だ》してありたが、何彼《なにか》の時節《じせつ》が参《まい》りて来《き》たから、ろ国《こく》の先祖《せんぞ》が仕組《しぐ》みて居《お》る事《こと》が破裂《はれつ》して了《しも》うて、国《くに》が立《た》たんように成《な》るぞよ。

ろ国《こく》の先祖《せんぞ》の悪神《わるがみ》が、復外国《またがいこく》（独逸《どいつ》）へ渡《わた》りて、ドエライ仕組《しぐみ》を致《いた》して居《お》れども、悪《あく》の世《よ》はモウ済《す》みたから、ジリジリ悶《もだ》えを致《いた》して、往生致《おうじょういた》さな成《な》らん様《よう》に成《な》りて来《く》るぞよ。

大正四年旧正月二十三日

天《てん》の王《おう》と地《ち》の王《おう》とで、根本《こんぽん》から三千世界《さんぜんせかい》の立替《たてか》えを致《いた》して、世界《せかい》には国《くに》の奪《と》り合《あ》いと云《い》う事《こと》の無《な》いように、日本《にほん》の国《くに》の霊主体従《ひのもと》の生神《いきがみ》が守護《しゅご》いたしての、二度目《にどめ》の世《よ》の立替《たてか》えであるぞよ。

末代《まつだい》の世《よ》を持《も》つのは、普通《ひととおり》の事《こと》を為《し》て居《お》りては、何時《いつ》までも小言《こごと》の絶《た》えると云《い》う事《こと》は六《むつ》カ敷《し》いぞよ。善一《ぜんひと》つの誠《まこと》の道《みち》で行《い》かねば、我好《われよ》しの行《や》り方《かた》では世界《せかい》に口舌《くぜつ》が絶《た》えんし、又何程《またなんぼ》頭《かしら》が苦労致《くろういた》してドンナ行《ぎょう》を致《いた》しても、上《うえ》に立《た》つ大将《たいしょう》の量見《りようけん》が悪《わる》くば、世《よ》は立《た》ちては行《い》かず、直《じき》の御《お》側付《そばつ》きの精神《こころ》が悪《わる》くば、上《うえ》も立《た》たず下《した》にも口舌《くぜつ》が絶《た》えんぞよ。

今度《こんど》の二度目《にどめ》の世《よ》の立替《たてか》えは、後《あと》にも前《さき》にも一度《いちど》より無《な》い大望《たいもう》で、世界中《せかいじゆう》の三段《さんだん》に分《わ》けて在《あ》る御魂《みたま》を立《た》ち別《わ》けて了《しも》うて、悪《あく》の霊魂《みたま》は日本《にほん》の国《くに》には置《お》かん事《こと》に致《いた》すぞよ。一寸《ちよつと》でも悪《あく》が混《ま》じりたら、日本《にほん》の地《おつち》の上《うえ》には居《お》れんように、何《ど》う言《い》いても成《な》りて来《く》るのが、世《よ》が変《か》わるのであるぞよ。

天然《てんねん》に、何《ど》うせいでも時節《じせつ》が来《き》たら何事《なにごと》も成就致《じょうじゅいた》すから、時節《じせつ》ほど結構《けっこう》なものの恐《こわ》いものは無《な》いから、何事《なにごと》も此《こ》の先《さき》は素直《すなお》に、神《かみ》の申《もう》す如《よ》うに致《いた》さねば、世《よ》は何《い》時《つ》までも立《た》たんぞよ。

天地《てんち》の元《もと》の先祖《せんぞ》が斯《こ》の世《よ》を持《も》ちて行《い》かねば、今《いま》の世《よ》に出《で》て居《お》れる守護神《しゅごじん》の世《よ》の持《も》ち方《かた》では、途中《とちゅう》に乱《みだ》れて、末代《まつだい》の世《よ》は持《も》てんぞよ。

斯《こ》の世《よ》一切《いっさい》の事《こと》が、依然《じっと》して居《お》りて、一度《いちど》に見《み》え透《す》く身魂《みたま》で無《な》いと、世界《せかい》の事《こと》が判《わか》らんような身魂《みたま》では、到底治《とうていおさ》まりはせんぞよ。何程《なんぼ》守護神《しゅごじん》に智慧《ちえ》が在《あ》りても、エライ学《がく》でも、昔《むかし》の元《もと》のミロク様《さま》の御《ご》艱難《かんなん》の、いろはからの勉強《べんきょう》は、物質《ぶっしつ》の学《がく》では出来《でき》も致《いた》さず判《わか》りもせんぞよ。

いろはからの勉強《べんきょう》を致《いた》すのは、日本《にほん》の霊主体従《ひのもと》の元《もと》の生粋《きっすい》の其《そ》の儘《まま》で、末代変《まつだいか》わらぬ天《てん》の御先祖様《ごせんぞさま》と、地《ち》の世界《せかい》の先祖《せんぞ》との世《よ》であると云《い》う事《こと》を、天地《てんち》から実地《じっち》を為《し》て見《み》せて、世界中《せかいじゅう》へ改心《かいしん》をさせねば、今《いま》の日本《にほん》の人民《じんみん》では解《わか》らんぞよ。根本《こんぽん》のいろはからの事《こと》を、世界中《せかいじゅう》へ一度《いちど》に解《わ》けて見《み》せて遣《や》るから、明治《めいじ》二十五年《ねん》から吃《びっ》驚箱《くりばこ》が明《あ》くと云《い》う事《こと》を、出口直《でぐちなお》の手《て》で、国常立尊《くにとこたちのみこと》が引《ひ》き続《つづ》いて知《し》らして居《お》るなれど、今《いま》に判《わか》らん人民斗《じんみんばか》り、改心《かいしん》の為《し》かけの出来《でき》ん守護神《しゅごじん》ほど、今《いま》に頑張《がんば》りて居《お》るが、筆先《ふでさき》に違《ちが》わん事《こと》が書《か》いて在《あ》るから。

九分九厘《くぶくりん》になりたら手《て》の掌《ひら》を覆《かや》すぞよと申《もう》してあるが、そうならんと守護神《しゅごじん》も人《じん》民《みん》も改心《かいしん》を致《いた》さんが、恐《こわ》さの改心《かいしん》は、真《まこと》の改心《かいしん》で無《な》いから間《ま》に合《あ》わんぞよ。

今度《こんど》の二度目《にどめ》の世《よ》の立替《たてか》えは、現世《このよ》へ出《で》て居《お》れる守護神《しゅごじん》に、余《あま》り大《おお》きな取《と》り違《ちが》いが在《あ》るから、執念深気《くどうき》を付《つ》けて置《お》くぞよ。

是程曇《これほどくも》りて居《お》る世《よ》の中《なか》へ、昔《むかし》の元《もと》の万古末代動《まんごまつだいうご》かぬ生神《いきがみ》、生魂《いきだま》のミロク様《さま》の、神《しん》道《どう》へ立《た》ち帰《かえ》り成《な》さる世《よ》が廻《まわ》りて来《き》て、国常立尊《くにとこたちのみこと》が元《もと》の世《よ》を拵《こしら》えて、天地《てんち》の生神《いきがみ》が揃《そろ》うて全部表面《すつくりおもて》にあらわれて、末代《まつだい》の世《よ》を構《かま》わねば、外《ほか》の身魂《みたま》では万古末代《まんごまつだい》の世《よ》は持《も》てんぞよ。身魂《みたま》が違《ちが》うので、世《よ》の持《も》ち方《かた》が判《わか》らんから、世《よ》の立替《たてか》えを致《いた》して了《しま》うぞよ。

臭《くさ》い物《もの》に蓋《ふた》を致《いた》した如《よ》うな行《や》り方《かた》では、チット行《い》きよると亦世《またよ》が跡《あと》へ戻《もど》りて、日《に》本《ほん》も外国《がいこく》も、何時《いつ》までも国《くに》が治《おさ》まると云《い》う事《こと》は無《な》いぞよ。国《くに》の取《と》り合《あ》い斗《ばか》りで、弱《よわ》い方《ほう》が何時《いつ》も負《ま》けて苦《くる》しむ斗《ばか》り、天地《てんち》の神《かみ》は、何時《いつ》までも斯《こ》んな世界《せかい》を見殺《みごろ》しには致《いた》さんぞよ。

日《に》本《ほん》の国《くに》の霊主体従《ひのもと》の、今度《こんど》世《よ》に出《で》る天地《てんち》の生神《いきがみ》が、昔《むかし》から仕組《しぐ》みて居《お》りて、二《に》度目《どめ》の世《よ》の大立替《おおたてか》えを致《いた》すから、国《くに》は立《た》ちては行《い》くなれど、今度《こんど》の御用《ごよう》に使《つか》う守《しゅ》護《ご》神人民《じんじんみん》に、一寸《ちよつと》でも混《ま》じりが在《あ》りたなら、又段々《まただんだん》と元《もと》の如《よ》うに乱《みだ》れて来《き》て、国《くに》を奪《と》られて了《しも》うて、鬼《おに》と悪魔《あくま》の世《よ》に成《な》りて、何《ど》う仕様《しよう》にも手《て》も足《あし》も出《だ》せぬ如《よ》うに成《な》るから、今度《こんど》の立替《たてか》えは、中々神《なかなかかみ》に骨《ほね》が折《お》れるぞよ。

今度天地《こんどてんち》の先祖《せんぞ》が現《あら》われて、守護致《しゆごいた》さなんだら、世界中《せかいじゆう》が泥海《どろうみ》となりて、人種《ひとだね》も無《な》いように成《な》るので在《あ》るから、天地《てんち》の神《かみ》は此《こ》の世《よ》を潰《つぶ》さぬ為《ため》に、永《なが》らくの艱難辛《かんなんしん》苦《く》を致《いた》すのであるぞよ。

大正六年旧十月十六日

二度目《にどめ》の世《よ》の立替《たてか》えの、艮《とどめ》を刺《さ》すのが近《ちこ》う成《な》りて来《き》たぞよ。何《なに》も経綸通《しぐみどお》りに致《いた》すぞよ。

西《にし》と東《ひがし》とに、初発《もと》の御宮《おみや》を建《た》てて戴《いただ》いて、元《もと》の昔《むかし》へ世《よ》を戻《もど》す時節《じせつ》が参《まい》りて来《き》たから、大神《おおかみ》が揃《そろ》うて元《もと》の神宮《みや》へ立《た》ち帰《かえ》りて、神代《かみよ》に立替《たてか》えるから、何事《なにごと》に付《つ》けても大望斗《たいもうばか》りで在《あ》るぞよ。世《よ》の終《しま》いの艮《とどめ》と、世《よ》の始《はじ》まりとの境《さかい》の筆先《ふでさき》であるぞよ。余《あま》り大望《たいもう》な御用《ごよう》で在《あ》るから、三体《さんたい》の大神《おおかみ》が西《にし》と東《ひがし》の新宮《あらみや》に降《お》り昇《あ》がりを成《な》されて、天《てん》からの御手伝《おてつだ》いを成《な》さる実地《しようまつ》が、歴々《ありあり》と出口直《でぐちなお》の眼《め》には見《み》えるぞよ。

火《ひ》の元《もと》も、天《てん》からで在《あ》るぞよ。水《みず》は、天《てん》の根本《もと》の世《よ》の元《もと》の御先祖様《ごせんぞさま》が、斯《こ》の世《よ》の元《もと》に拵《こしら》え成《な》されて、鉄《てつ》の棒《ぼう》が針《はり》に成《な》る所《とこ》までの御苦労《ごくろう》を遊《あそ》ばし、斯《こ》の世《よ》には、夫《ふう》婦《ふ》と云《い》う事《こと》を拵《こしら》えねば世《よ》が立《た》ちて行《い》かんから、泥海《どろうみ》の中《なか》に御居《おい》でまして、何彼《なにか》の経綸《しぐみ》を成《な》されて、初発《しよつぱつ》に地《ち》の世界《せかい》を創造《こしらえ》なさるに力《ちから》に成《な》る御夫婦《ごふうふ》の霊魂《みたま》から、何《なに》も彼《か》も、ミロク様《さま》の御骨折《おほねお》りであるぞよ。

外《ほか》に身魂《みたま》は湧《わ》かして在《あ》りても、御力《おちから》に成《な》らん筋《すじ》の違《ちが》う身魂《みたま》で在《あ》るから、是《これ》だけ永《なが》らくの御苦労《ごくろう》なされたので在《あ》るぞよ。

ミロク様《さま》でも、地《ち》で御出生《おでけ》なされた御先祖様《ごせんぞさま》であるぞよ。力《ちから》に成《な》さる、天地《てんち》を創《こし》造《らえ》る御血筋《おちすじ》を、夫婦揃《ふうふそろ》えて置《お》いて、天《てん》へ御上《おあ》がり遊《あそ》ばすぞよ。天《てん》に御《お》すまいの出《で》来《き》る如《よ》うに致《いた》して置《お》いて、地《ち》の泥海《どろうみ》を固《かた》め締《し》めるには、竜宮《りゅうぐう》の音姫殿《おとひめどの》一輪《いちりん》の御手《おて》伝《つだ》いで、天地《てんち》を修理固成《つくりかため》た国常立尊《くにとこたちのみこと》とミロク様《さま》との、元《もと》からの動《うご》かぬ仕組《しぐみ》であるから、何事《なにごと》も経綸通《しぐみどお》りに致《いた》すぞよ。

余《あま》り世界《せかい》の事《こと》が惨《えら》いことに成《な》りて居《お》るので、手《て》も足《あし》も差《さ》し出《だ》す事《こと》が出来《でき》ん如《よ》うに、真暗《まくらが》りの世《よ》になりて居《お》るから、立替《たてか》えを急激《いつさく》に致《いた》しても、後《あと》の立直《たてなお》しが中々大望《なかなかたいもう》であるが、立直《たてなお》しに就《つ》いては、御三体《ごさんたい》の大神様《おおかみさま》を、モ一《ひと》つ上《うえ》へ御上《おあ》がりを願《ねが》わねば成《な》らぬ。夫《そ》れに就《つ》いては、何彼《なにか》の仕組《しぐみ》は為《し》て在《あ》るから、天地《てんち》の先祖《せんぞ》の経綸通《しぐみどお》りに致《いた》すぞよ。

今度《こんど》の事《こと》は智慧《ちえ》や学《がく》では出来《でき》ん事《こと》で在《あ》るから、何事《なにごと》も素直《すなお》に致《いた》して、御用《ごよう》を聞《き》いて下《くだ》さりたら、斯《こ》の世《よ》を自由《じゆう》に致《いた》す元《もと》の活神《いきがみ》が、直々《じきじき》に致《いた》さな成《な》らん時節《じせつ》が廻《まわ》りて来《き》たので在《あ》るから、是迄《これまで》の行《や》り方《かた》が一寸《ちよつと》でも混《ま》ぜりたら、跡戻《あともど》りを致《いた》して、仕《し》組《ぐみ》が違《ちご》うたら、初発《しよつぱつ》から仕直《しなお》しを致《いた》さな成《な》らん大本《おほもと》で在《あ》るぞよ。

何彼《なにか》の時節《じせつ》が迫《せま》りて来《き》たから、日本《にほん》の人民《じんみん》も今迄《いままで》の如《よ》うに、自己《われ》の経営斗《しがくばか》り致《いた》して慾《よく》に迷《まよ》うて居《お》ると、俄《にわ》かに手《て》の掌《ひら》が覆《かえ》りて、往《ゆ》きも還《かえ》りも出来《でき》ぬ如《よ》うに成《な》り、世界《せかい》へ顔出《かおだ》しが出来《でき》ぬ事《こと》が出来《しゅったい》するぞよ。夫《そ》れで永《なが》らくの間《あいだ》、筆先《ふでさき》で改心改心《かいしんかいしん》と一点張《いってんば》りに気《き》を付《つ》けたなれど、今《いま》の人民《じんみん》は、足元《あしもと》へ火《ひ》が焼《も》えて来《き》て、身体《からだ》が焦《こ》げる所《とこ》まで判《わか》らんから、神《かみ》も助《たす》けようが無《な》いぞよ。

金竜界《きんりゅうかい》の神島《かみじま》に、御宮《おみや》を建《た》てて下《くだ》さりて、三体《さんたい》の大神様《おおかみさま》に御鎮《おしず》まりに成《な》りて貰《もろ》うて、結構《けっこう》で在《あ》るなれど、モ一段上《いちだんうえ》へ上《あ》がりて守護《しゅご》を致《いた》して、本宮山《ほんぐうやま》に御宮《おみや》を建《た》てて、三体《さんたい》の大神《おおかみ》さまが御鎮《おしず》まりに御成《おな》りなされたら、地《ち》の先祖《せんぞ》が神島《かみじま》（一名大八洲《いちめいおおやしま》）の御宮《おみや》へ鎮《しず》まりて、天《てん》のミロク様《さま》と地《ち》の先祖《せんぞ》とが、末代《まつだい》の世《よ》を持《も》ちて治《おさ》めて行《い》かねば、外《ほか》の神魂《みたま》では、末代《まつだい》の世《よ》は続《つづ》いては行《い》かん斯《こ》の世《よ》で在《あ》るぞよ。時節《じせつ》と云《い》うものは、結構《けっこう》なものの恐《こわ》いもので在《あ》るぞよ。何事《なにごと》も時節《じせつ》には叶《かな》わんから、改心致《かいしんいた》して従《したが》う所《とこ》へは従《したご》うて行《い》けば、何事《なにごと》も心配無《しんぱいな》しに安全《らく》に行《い》け出《だ》すぞよ。是迄《これまで》の行《や》り方《かた》は、体《あ》主霊従《く》の世《よ》で在《あ》りたから、悪《あく》の霊《れい》は全部平《さっぱりたい》らげて了《しも》うて、善《ぜん》一筋《ひとすじ》、誠一筋《まことひとすじ》の世《よ》に致《いた》して、世界《せかい》を一《ひと》つに丸《まる》めて、神国《しんこく》の世《よ》に致《いた》すぞよ。今迄《いままで》に悪神《わるがみ》の頭目《かしら》が、がいこくへ上《あ》がりて居《お》りたのを、日本《にほん》の元《もと》の先祖《せんぞ》が立《た》て分《わ》けて、日本《にほん》の国《くに》は霊主体従《ひのもと》で在《あ》るから、泥海《どろうみ》の中《なか》に住居《すまい》を為《し》て居《お》る折《おり》からの悪神《わるがみ》の目的《もくてき》は、ドエライ奸計《たくみ》を致《いた》して居《お》るなれど、悪《あく》では、末代《まつだい》の世《よ》が続《つづ》きは致《いた》さんぞよ。

今《いま》が、善《ぜん》と悪《あく》との代《か》わり目《め》の辛《つら》い所《とこ》で在《あ》るぞよ。悪《あく》の経綸《しぐみ》で、此《こ》の先《さき》をモ一《ひと》つ悪《あく》を強《つよ》くして、此《こ》の先《さき》の仕組《しぐみ》を成就《じょうじゅ》させる量見《りょうけん》であれども、天地《てんち》の先祖《せんぞ》はドンナ事《こと》も能《よ》く知《し》りて居《お》るから、日《に》本《ほん》の国《くに》には水《みず》も漏《もら》さん経綸《しぐみ》が為《し》て在《あ》るから、悪《あく》の身魂《みたま》が発根《ほつごん》の改心《かいしん》を致《いた》さなならん事《こと》に成《な》るぞよ。

世《よ》に出《で》て居《お》れる守護神《しゅごじん》も、日《に》本《ほん》の国《くに》を、がいこくに自由自在《じゆうじざい》に好《す》き寸法《すっぽう》に、好《よ》い弄物《おもちゃ》に為《し》られて、天地《てんち》の御先祖様《ごせんぞさま》へドウ申《もう》し訳《わけ》が立《た》つか、何《ど》うして御詫《おわ》びを致《いた》すぞよ。

がいこくの悪神《わるがみ》の頭目《かしら》が、日本《にほん》の〇〇先祖《せんぞ》よりも一段上《いちだんうえ》へ上《あ》がりて、茲《ここ》まで世界《せかい》を自由《じゆう》に乱《みだ》らした事《こと》が、我《われ》と我手《わがて》に露見《あらわれ》て了《しも》うて居《お》るが、日本《にほん》の国《くに》は、洋〇では世《よ》は立《た》ちては行《い》かんぞよ。今《いま》の日本《にほん》の〇〇〇〇〇〇〇沓〇〇〇日〇〇大将《たいしょう》が、何処《どこ》と無《な》く飛《と》び歩行《あるい》ては、未《ま》だ世《よ》が治《おさ》まる処《とこ》へは行《い》かんぞよ。

根本《もと》の大神《おおかみ》を、日本《にほん》の人民《じんみん》の〇〇も一段下《いちだんした》に致《いた》して居《お》りて、〇〇十〇〇〇〇斯《こ》の世《よ》を拵《こしら》えた天地《てんち》の先祖《せんぞ》を、〇〇〇〇〇一段下《いちだんした》に落《お》として、天地《てんち》の大神《おおかみ》を、日《に》本《ほん》の地面《じめん》に置《お》いて与《や》るのじゃと申《もう》して、大《おお》きな誤解《とりちがい》を致《いた》して居《お》るから、世《よ》の初発《はじまり》の事《こと》から、茲《ここ》まで為《し》て来《き》た事《こと》から、悪《わる》い企《たく》みをして居《お》る事《こと》から、日本《にほん》の国《くに》の神《かみ》はドウでも宜《よ》いものと申《もう》して、天《てん》の御《ご》先祖《せんぞ》様《さま》をドウでも宜《よ》いものと申《もう》して、皆《みな》の神《かみ》が目論見《もくろみ》て、押《お》し込《こ》めて、天地《てんち》の神《かみ》の元《もと》を無《な》い同様《どうよう》に致《いた》して居《お》りたのを、何彼《なにか》の時節《じせつ》が参《まい》りて来《き》て、我《われ》と我身《わがみ》に正体《しょうたい》を露《あら》わせて了《しも》うて居《お》る事《こと》から、何事《なにごと》も世《よ》の一切《いっさい》の事《こと》から末代《まつだい》の事《こと》から行《ゆ》く末《すえ》の事《こと》まで、世界《せかい》の始《はじ》まりのいろはから、変性男子《へんじょうなんし》と変性女子《へんじょうにょし》とに、人民《じんみん》では出来《でき》ん事《こと》を為《さ》せて在《あ》るから、明《あ》けてはいわれず、言《い》うては行《い》かず、変性男子《へんじょうなんし》の手《て》で、大国常立尊《おおくにとこたちのみこと》が昔《むかし》の根本《こんぽん》の事《こと》からを書《か》きおくから、是《これ》を説《と》いて聞《き》かせるのが、変性女子《へんじょうにょし》の身魂《みたま》の役《やく》であるぞよ。

変性男子《へんじょうなんし》は、昔《むかし》から言《い》い置《お》きにも書《か》き置《お》きにも、形《かたち》も影《かげ》も無《な》い事《こと》を言《い》わして在《あ》るから、人民《じんみん》は実地《じっち》が出《で》て来《こ》ねば、誠《まこと》に致《いた》さんのは無理《むり》は無《な》けれども、余《あま》り疑念《うたがい》が甚《ひど》いので、十年余《じゅうねんあま》り立替《たてか》えが遅《おそ》くなりて、世界中《せかいじゅう》の人民《じんみん》が、皆上《みなうえ》から下《した》まで苦《くる》しむのが永《なが》いから、神《かみ》は埒《らちょ》能くいたすから、今《いま》の間《うち》に早《はや》く改心《かいしん》いたして下《くだ》されよ。

此《こ》の先《さき》で、永《なご》う立替《たてか》えにかかりて居《お》りたら、向《むこ》うの国《くに》は、申《もう》して在《あ》る如《よ》うな惨《むご》い事《こと》に成《な》るし、日本《にほん》の国《くに》も是《これ》だけに、明治《めいじ》二十五年《ねん》から引《ひ》き続《つづ》いて、何彼《なにか》の事一切《こといっさい》の事《こと》を、口《くち》と手《て》とで知《し》らして、今《いま》に気《き》を付《つ》けて居《お》るなれど、今《いま》に判《わか》らん守護神《しゅごじん》、何彼《なにか》の時節《じせつ》が廻《まわ》りて来《き》て、キリキリ舞《ま》いを致《いた》すぞよ。

茲《ここ》まで落度《おちど》の無《な》い様《よう》に知《し》らして在《あ》るから、我《が》の強《つよ》い解《わか》らん守護神《しゅごじん》よ、後《あと》で不足《ふそく》を申《もう》さんように致《いた》されよ。不足《ふそく》ありたら、自分《めんめ》を恨《うら》めるより仕様《しよう》は無《な》いぞよ。斯《こ》う成《な》りて来《く》るから、永《なが》らく筆先《ふでさき》で気《き》が付《つ》けて在《あ》るのに、我《われ》の身体《からだ》に火《ひ》が付《つ》いて燃《も》え上《あ》がりて来《こ》んと、今《いま》の守護神《しゅごじん》は聞《き》きは致《いた》さんから、悪《わる》い方《ほう》へ引《ひ》き落《お》とされて、悪《わる》い鏡《かがみ》に成《な》る守護神《しゅごじん》ばかりで気《き》の毒《どく》なれど、何程《どれだけ》に気《き》を付《つ》けて知《し》らしても、在《あ》って了《しま》わねば聞《き》く身魂《みたま》が無《な》いから、茲《ここ》までに天《てん》の先祖様《せんぞさま》と地《ち》の先祖《せんぞ》が、ドウゾと思《おも》うて、自己《われ》の血筋《ちすじ》に、厭《いや》な事《こと》を皆《みな》させて見《み》せて在《あ》るぞよ。誠善一《まことぜんひと》つの御道《おんみち》は、他《ひと》にキズは付《つ》けられんから、我血統《わがひっぽう》に厭《いや》な事《こと》はさして在《あ》りたぞよ。今《いま》だに出口直《でぐちなお》の血族《ひっぽう》にさせて有《あ》るから、何事《なにごと》も能《よ》く出口直《でぐちなお》の血筋《ひっぽう》の所作柄《しょさがら》を見《み》て置《お》いて、改心《かいしん》を致《いた》さんと、我好《われよ》しの行《や》り方《かた》では……是迄《これまで》は好《す》きな如《よ》うに為《し》て行《い》けたなれど、二度目《にどめ》の世《よ》の立替《たてか》えを致《いた》したら、全部行《さつぱりや》り方《かた》を代《か》えて了《しま》うから、今《いま》が境《さかい》の性念場《しようねんば》であるから、是《これ》までの行《や》り方《かた》はチットも用《もち》いられんように、世《よ》が代《か》わりて了《しも》うて、昔《むかし》のいろはからの勉強《べんきよう》を致《いた》さねば、学力《がくりよく》ではモウ一寸《いつすん》も先《さき》へ行《い》く事《こと》も、後《あと》へ戻《もど》る事《こと》も出来《でき》んように成《な》るから、何事《なにごと》も一度《いちど》で聞《き》く守護神《しゆごじん》に使《つか》われて居《お》らんと、使《つか》われる肉体《にくたい》が気《き》の毒《どく》が出来《でき》るから、此《こ》の先《さき》は何彼《なにか》の事《こと》が、神《かみ》の方《ほう》は厳《きび》しく成《な》るぞよ。

人民《じんみん》は穏和《おだやか》に成《な》りて、是迄《これまで》に思《おも》うて居《お》りた事《こと》が、大《おお》きな間違《まち》いでありた事《こと》が判《わか》りて来《く》るぞよ。

是迄《これまで》は、学力《がくりき》が在《あ》りたなら上《うえ》へ登《のぼ》れた成《な》れど、学力《がくりき》は九分九厘《くぶくりん》で霊《れい》の利《き》かんように仕組《しぐ》みてあるから、時節《じせつ》には勝《か》たれんから、いろはからの勉強《べんきょう》を致《いた》さんと、今《いま》の学《がく》では誠《まこと》の事《こと》が判《わか》らんので、世《よ》が渡《わた》れんぞよ。

物質《ぶっ》と学《がく》との世《よ》の終《おわ》りと成《な》りたぞよ。

大正六年旧十一月二十三日

至仁至愛大神《みろくさま》の御出現《おでまし》に成《な》る時節《じせつ》が参《まい》りて、明治《めいじ》二十五年《ねん》から変性男子《へんじょうなんし》の身魂《みたま》に、手《て》と口《くち》とで知《し》らさしてありた事《こと》が、実地《じっち》に出《で》て来《く》るぞよ。今迄《いままでよ》良き事《こと》を致《いた》して来《き》た身魂《みたま》は、良《よ》き事《こと》が出来《でき》て来《く》るなり、悪《わる》い事《こと》を致《いた》した身魂《みたま》は、悪《わる》い報《こと》が出《で》て来《く》るなり、何《なに》も彼《か》も一度《いちど》に現《あら》われるぞよ。

モウ世《よ》の立替《たてか》えの事《こと》は、知《し》らせる事《こと》が無《な》いから、今迄知《いままでし》らして在《あ》りた事《こと》の実地《じっち》が世界《せかい》にあるぞよ。

何《なに》も彼《か》も世界中《せかいじゅう》の事《こと》は、帳面《ちょうめん》に付《つ》け留《と》めてある同様《どうよう》に、天地《てんち》の先祖《せんぞ》は何一《なにひと》つ知《し》らんと云《い》う事《こと》は無《な》いから、底《そこ》の判《わか》らぬ経綸《しぐみ》が致《いた》してあるぞよ。

底《そこ》の深《ふか》いイロハからの仕組《しぐみ》で在《あ》るから、チットは言《い》われぬ事《こと》も在《あ》るし、六《むっ》カ敷《し》い経綸《しぐみ》であるぞよ。言《い》うてはならず、言《い》わいでは邪魔《じゃま》の這入《はい》る事《こと》もあるなり、変性《へんじょ》男子《うなんし》の役《やく》は、是程辛《これほどつら》いことは無《な》いぞよ。貧乏動《びんぼうゆる》ぎも出来《でき》んと云《い》うのは、男子《なんし》の役《やく》であるぞよ。一寸《ちょっと》でも気《き》を緩《ゆる》めたら、真似《まね》を為《し》られるなり、真似《まね》を仕《し》られたら、何遍《なんべん》でも跡戻《あともど》り斗《ばか》り致《いた》さんならんなり、コンナ叶《かな》わん御用《ごよう》は、世界《せかい》に有《あ》りは致《いた》さんぞよ。御魂《みたま》は世界《せかい》に沢山《たくさん》ありても、代理《かわり》を為《さ》せる身魂《みたま》は、一《ひと》つも無《な》いので在《あ》るぞよ。

変生男子《へんじょうなんし》の身魂《みたま》の御用《ごよう》は、イロハ四十八文字《しじゅうはちもじ》で世界《せかい》を治《おさ》める経綸《しぐみ》の御用《ごよう》であるが、向《むこ》うの国《くに》の体主《あ》霊従《く》の頭《かしら》と其《そ》の次席《つぎ》の身魂《みたま》が、中々一通《なかなかひととお》りの身魂《みたま》の手《て》に合《あ》わんと云《い》う事《こと》が、初発《しょっぱつ》から見抜《みぬ》いてありて、今《いま》に変性男子《へんじょうなんし》の身魂《みたま》に憂《つら》い目《め》を為《さ》して居《お》るから、是《これ》から日本《にほん》の元《もと》の経綸《しぐみ》を顕《あら》わして、今《いま》に悪《わる》い目的《もくてき》を立《た》て居《お》る守護神《しゅごじん》は、日《に》本《ほん》とがいこくとの施政方針《やりかた》を、混《ま》ぜ交《こ》ぜて行《や》ろうと思《おも》うて居《お》るが、モウ悪《あく》の世《よ》の終《おわ》りと成《な》りたから、悪《あく》の霊《れい》はチットも利《き》かぬ如《よ》うに致《いた》すから、今《いま》までの格合《かくあ》いには行《い》かんぞよ。

悪《あく》の世《よ》は、九分九厘《くぶくりん》でモウ済《す》みたから、此《こ》の先《さき》は、天《てん》のミロク様《さま》の、昔《むかし》の始《はじ》まりの元《もと》の良《よ》き世《よ》へ世《よ》を戻《もど》して、何彼《なにか》の事《こと》、末代《まつだい》の事《こと》を規定《きめ》るのであるから、何《なに》に付《つ》けても大望《たいもう》な事《こと》ばかりであるから、人民《じんみん》では見当《けんとう》の取《と》れん事《こと》であるぞよ。

今《いま》までは、悪神《わるがみ》の支配《しはい》の世《よ》でありたから、何事《なにごと》も見《み》て見《み》ぬ振《ふり》を為《し》て居《お》りたなれど、全然時節《さっぱりじせつ》が廻《まわ》りて来《き》て、延《の》っ引《ぴ》きの成《な》らん事《こと》になりて来《き》たから、何時船《いつふね》が覆《かえ》るやら解《わか》らんぞよ。天地《てんち》の先祖《せんぞ》は、モウ此《こ》の上《うえ》、守護神人民《しゅごじんじんみん》には充分気《じゅうぶんき》が付《つ》けてあるから、何事《なにごと》が世界《せかい》から出《で》て来《き》ても、モウ神《かみ》に不足《ふそく》は在《あ》るまい。一度《いちど》に披《ひら》いて、バタバタと致《いた》さねば、何時《いつ》までも同《おな》じ事《こと》に永《なご》う掛《か》かりて居《お》りたら、世界中《せかいじゅう》が泥海《どろうみ》に成《な》りて、人胤《ひとだね》も無《な》く成《な》りて了《しま》うから、神《かみ》は日本《にほん》の元《もと》の経綸《しぐみ》どおりを始《はじ》めるから、一旦《いったん》は世界中《せかいじゅう》の大混雑《だいこんざつ》と成《な》るぞよ。

そう成《な》りて来《く》る迄《まで》に、神《かみ》の申《もう》す事《こと》を信実《まこと》に聞《き》いて身魂《みたま》を研《みが》く如《よ》うに、筆先《ふでさき》で日々《にちにち》知《し》らして在《あ》りたが、今《いま》の上《うえ》の守護神《しゅごじん》も人民《じんみん》も、一《ひと》つも判《わか》らんから、今《いま》の世界《せかい》の困難《こんなん》であるが、今《いま》でさえ何《ど》うする事《こと》も能《よ》う致《いた》さずに、途方《とほう》に呉《く》れて居《お》るが、マダマダ斯《こ》んな容易《かがやす》い事《こと》では無《な》いが、其《そ》の時《とき》は吃驚《びっくり》いたして、腰《こし》を抜《ぬ》かして、頭《あたま》を下《した》にして走行《あるく》ように成《な》るぞよ。

そこに成《な》りたら、守護神《しゅごじん》の正体《しょうたい》が自《おの》ずと現《あら》われて来《く》るが、誠《まこと》に気《き》の毒《どく》なもので在《あ》るぞよ。茲《ここ》へ成《な》る迄《まで》に改心《かいしん》を致《いた》すようと、永《なが》らく知《し》らしたなれど、守護神人民《しゅごじんじんみん》は実地《じっち》が来《く》る迄真実《までまこと》に致《いた》さんから、ジリジリ舞《ま》いの狼狽舞《うろたえま》いを致《いた》す事《こと》が来《き》ても仕様《しよう》は無《な》いぞよ。

鬼《おに》とも蛇《じゃ》とも悪魔《あくま》とも譬《たと》え方《かた》の無《な》いイヤらしい、がいこくの性来《しょうらい》を日本《にほん》の守護神《しゅごじん》が見習《みなろ》うて、がいこくの行《や》り方《かた》は良《よ》いと申《もう》して、上《かみ》も下《しも》も真似《まね》斗《ばか》り致《いた》して、今《いま》の日本《にほん》の国《くに》の心配《しんぱい》、がいこくの今《いま》の態《さま》、アレ丈《だけ》ちくしょうの性来《しょうらい》が現《あら》われて来《き》て居《お》りても、未《ま》だ眼《め》が覚《さ》めぬか。大将《たいしょう》までが下《した》に成《な》りたり、上《うえ》に成《な》って見《み》たり、全然《さっぱり》日本《にほん》の神国《しんこく》を、ちくしょうの玩弄物《おもちゃ》に為《し》られて了《しも》うて、天地《てんち》の先祖《せんぞ》も堪忍袋《かんにんぶくろ》が切《き》れ掛《か》けたぞよ。

神《かみ》の堪忍袋《かんにんぶくろ》が切《き》れたら、万古末代《まんごまつだい》モウ取《と》り返《かえ》しが出来《でき》んから、奥山《おくやま》の紅葉《もみじ》の照《あ》る内《うち》に早《はや》く改心《かいしん》いたして、神《かみ》の申《もう》す如《よ》うに致《いた》さんと、末代《まつだい》の世《よ》を持《も》ちて行《い》く事《こと》は到《とう》底六ヵ《ていむつ》敷《し》いから、どうしても改心《かいしん》が出来《でき》ねば、陣《じん》を引《ひ》いて下《した》に降《お》りて扣《ひか》えて下《くだ》され、一人《ひとり》と世界中《せかいじゅう》とには代《か》えられんから、一向気楽《いっこうきらく》にさして、神《かみ》が構《かも》うてやるから、ドウシテも神《かみ》の国《くに》の行《おこな》いが出来《でき》ねば、城明《しろあ》け渡《わた》しを為《な》さるが良《よ》かろう。

神《かみ》も可成《なるべ》くは、昔《むかし》の儘《まま》で続《つづ》かして行《い》かしたいのが、胸《むね》に一溢《いっぱい》であれど、余《あま》りがいこくじんに惚《ほう》けて居《お》りて、何時《いつ》までも神《かみ》の教《おし》えが聞《き》けぬなら、一《ひと》つの道《みち》へ行《い》くより仕様《しよう》は在《あ》るまい。神《かみ》は気《き》を付《つ》けた上《うえ》にも気《き》を付《つ》けて在《あ》るぞよ。

一《いち》の番頭《ばんとう》からして、日本 魂《やまとだましい》が全然《さっぱり》消《き》えて了《しも》うて居《お》るから、ちくしょうの国《くに》の尻《しり》に付《つ》いて、頭《あたま》から湯気《ゆげ》を立《た》て、頭《あたま》を三角《さんかく》に成《な》る所《とこ》まで捻鉢巻《ねじはちまき》で気張《きば》って居《お》れど、

肝腎《かんじん》の 腸《はらわた》が抜《ぬ》けて、腰《こし》がフナフナで在《あ》るから、斯《こ》んな約《つま》らん事《こと》に成《な》りて来《き》たのを、天地《てんち》の御先祖様《ごせんぞさま》へ何《なん》と申《もう》して申《もう》し訳《わけ》が出来《でき》るか。

日本《にほん》は日本《にほん》で立《た》てて、がいこくを助《たす》けて遣《や》らねば成《な》らぬ、誠一《まことひと》つを貫《つらぬ》く神国《しんこく》の一《いち》の番頭《ばんとう》が何《なに》も解《わか》らんから、ちくしょうの尻馬《しりうま》に乗《の》りて、がいこくの守護神《しゅごじん》の真似《まね》斗《ばか》り致《いた》して、終《しま》いには、がいこくの自由《じゆう》に為《し》られるという事《こと》が判《わか》らぬか。

モウ神《かみ》は依然《じっと》して居《お》れん事《こと》になりたから、是《これ》から表《おもて》に成《な》りて働《はたら》くから、構《かま》い立《た》てには来《き》て下《くだ》さるなよ。時節《じせつ》が来《き》たぞよ。時節《じせつ》と云《い》うものは、結構《けっこう》なものの恐《こわ》いもので在《あ》るぞよ。

何事《なにごと》も此方《こちら》から顕《あら》わさいでも、我身《わがみ》の方《ほう》から全然正体《さっぱりしょうたい》を顕《あら》わして、何処《どこ》となく飛《と》び歩行《あるい》て、見《み》るのも厭《いや》で在《あ》るなれど、全部顕《さっぱりあら》わせに、我《われ》が我《われ》の姿《すがた》を田舎《いなか》まで見《み》せに歩行《あるく》のが、顕《あら》われるので在《あ》るから、時節《じせつ》ほど結構《けっこう》な恐《こわ》いものは無《な》いと申《もう》すので在《あ》るぞよ。

時節《じせつ》には何《なに》ものも叶《かな》わんから、茲《ここ》へ成《な》る迄《まで》に、世《よ》に出《で》て居《お》れる方《ほう》の守護神《しゅごじん》、皆《みな》に筆先《ふでさき》で細々《こまごま》と能《よ》く解《わか》るように書《か》いて知《し》らせ、口《くち》で言《い》わして在《あ》るぞよ。筆先《ふでさき》に出《だ》した事《こと》は、皆世界《みなせかい》に在《あ》るが、慢神《まんしん》と誤解《とりちがい》とがありたら、真実《まこと》の御蔭《おかげ》は取《と》れんぞよ。露国《ろこく》へ昔《むかし》から上《あ》がりて居《お》りた悪神《わるがみ》の頭《かしら》が、露国《ろこく》の国《くに》を六茶九茶《むちゃくちゃ》に乱《みだ》らして了《しも》うて、モ一《ひと》つ向《む》うの国《くに》へ渡《わた》りて、外国《がいこく》の隅々《すみずみ》までもワヤに致《いた》して、金《かね》の費《い》るのは底知《そこし》れず、人《ひと》の命《いのち》を取《と》るのも底知《そこし》れず、行《ゆ》きも戻《もど》りも出来《でき》んように致《いた》して、食物《しょくもつ》も無《な》い所《とこ》まで致《いた》して、終《しま》いには日本《にほん》の神国《しんこく》へ攻《せ》めて来《き》て、世界《せかい》を我《われ》の儘《まま》に致《いた》すドエライ悪《わる》い奸計《たくみ》を致《いた》して居《お》るが、モウ九分《くぶ》まで悪《あく》の目的《もくてき》は成就《じょうじゅ》いたした成《な》れど、日本《にほん》の国《くに》の先祖《せんぞ》の一厘《いちりん》の経綸《しぐみ》で、手《て》の掌《ひら》を返《かえ》して、天下泰平《てんかたいへい》に世《よ》を治《おさ》めて、あとは七福《しちふく》神《じん》の楽遊《らくあそ》びと致《いた》して、世界《せかい》の人民《じんみん》を助《たす》ける日本《にほん》の元《もと》からの経綸《しぐみ》であれども、今《いま》の世界《せかい》の守護《しゅご》神人民《じんじんみん》の心《こころ》では、三分《さんぶ》も助《たす》ける身魂《みたま》が無《な》いぞよ。

誠一《まことひと》つの天地《てんち》の先祖《せんぞ》は、違《ちご》うた事《こと》はチットも申《もう》さんぞよ。違《ちご》うた事《こと》を致《いた》したら、茲《ここ》まで忍耐《こばり》て来《き》た事《こと》が水《みず》の泡《あわ》に成《な》るから、皆《みな》が揃《そろ》うて、今度《こんど》の二度目《にどめ》の世《よ》の立直《たてなお》しの御用《ごよう》を勤《つと》めて下《くだ》されよ。

今度《こんど》の御用《ごよう》は、何《なに》に付《つ》けても辛《つら》い事《こと》ばかりであるから、確《しっか》りと胴《どう》を据《す》えて居《お》らねば約《つま》らんぞよ。大本《おほもと》の中《なか》も、日《ひ》の出《で》の守護《しゅご》と成《な》りて来《く》ると、何彼《なにか》の事《こと》が辛《つら》くなるぞよ。

善《よ》し悪《あ》しが厳重《げんじゅう》に判《わか》りて来《き》て、是迄《これまで》の心《こころ》を全然《さっぱり》変《か》えて了《しま》わんと、辛《つろ》うて辛抱《しんぼう》が出《で》来《き》んぞよ。口《くち》を閉《つま》えて、男《おとこ》も女《おんな》も腹帯《はらおび》を緩《ゆる》まんように確《しっか》りと締《し》めて居《お》らんと、此《こ》の先《さき》は、是迄《これまで》のような事《こと》には行《い》かんぞよ。

斯《こ》の世《よ》の上《うえ》へ上《あ》がりて居《お》る悪《あく》の守護神《しゅごじん》が、皆揃《みなそろ》うて体主霊従《あく》では行《い》かんと云《い》う事《こと》が、発根《はっごん》と判《わか》りて来《き》て、霊主体従《ぜん》の道《みち》へ立《た》ち復《かえ》らんと、世《よ》が治《おさ》まると云《い》う事《こと》は致《いた》さんぞよ。

向《むこ》うの国《くに》はチットも急《せ》きは致《いた》さんぞよ。我《われ》の代《よ》に奪《と》れな児《こ》の代《よ》に奪《と》る、児《こ》の代《よ》に奪《と》れな孫《まご》の代《よ》に奪《と》ると云《い》う、気《き》の永《なが》い経綸《しぐみ》であるから、何時《いつ》に成《な》りても奪《と》りさえしたら良《よ》いと申《もう》して、チットも急《いそ》ぎも動《うご》きも致《いた》さんぞよ。日本《にほん》の国《くに》はソンナ事《こと》を致《いた》して居《お》りたら、国家《くに》が潰《つぶ》れて了《しま》うから、日本《にほん》の国《くに》には天地《てんち》の元《もと》の生神《いきがみ》が、一寸《ちょっと》の秘密《ひみつ》が致《いた》してあるぞよ。

外《ほか》の身魂《みたま》では出来《でき》ん、能《よ》う為《せ》ん経綸《しぐみ》が致《いた》して在《あ》るが、実地《じっち》の仕組《しぐみ》は、今《いま》の今《いま》まで言《い》いも為《し》られも致《いた》さん、大事《だいじ》の一厘《いちりん》の秘密《ひみつ》で在《あ》るから…………、今《いま》の世界《せかい》の守護神人民《ごじんじんみん》が、がいこくの性来《しょうらい》に成《な》りて了《しも》うて、日本《にほん》の神国《しんこく》と申《もう》しても、がいこく魂《だま》に成《な》り切《き》りた中《なか》に、生《う》まれ育《そだ》ちて居《お》る子供《こども》までが、国家《くに》の害《がい》を致《いた》すハイカラの真似《まね》ばかりを為《し》て歓《よろこ》びて居《お》る中《なか》へ、大事《だいじ》の経綸《しぐみ》を知《し》らしたら、良《よ》い金《かね》もうけが出《で》来《き》ると申《もう》して、実地《じっち》の世《よ》の立直《たてなお》しの大邪魔《おおじやま》を致《いた》すから、日本《にほん》の国《くに》の仕組《しぐみ》は、智慧《ちえ》や学力《がくりき》では何程考《なにほどかんが》えても判《わか》りはせんぞよ。チト深《ふか》い仕組《しぐみ》が致《いた》して在《あ》るぞよ。がいこくの仕組《しぐみ》は浅《あさ》いから、直《す》ぐに人《ひと》の眼《め》に判《わか》るなれど、日本《にほん》の経綸《しぐみ》は、がいこく魂《だま》では判《わか》らんぞよ。

何彼《なにか》の時節《じせつ》が参《まい》りて来《き》たから、始《はじ》まりたら何《なに》も一度《いちど》に開《ひら》けて来《く》るから、余程《よほど》しっかりと覚悟《かくご》を致《いた》させねば成《な》らんから、今《いま》に続《つづ》いて知《し》らして居《お》るぞよ。疑《うたが》いと我情《がじょう》と取《と》り違《ちが》いとが、第一恐《いっちこわ》いぞよ。口《くち》を閉《つま》えて素直《すなお》に致《いた》すが、何《なに》よりも結構《けっこう》であるぞよ。

何事《なにごと》も一度《いちど》にバタバタと埒良《らちよ》く致《いた》さぬと、永《なご》う掛《か》かりたら、日本《にほん》も叶《かな》わん事《こと》が出《で》来《き》るぞよ。

がいこくの悪神《わるがみ》の頭《かしら》が、日本《にほん》へ攻《せ》めて来《く》る仕組《しぐみ》を昔《むかし》から致《いた》して居《お》りたが、モウ攻《せ》めて来《く》るのが近寄《ちかよ》りたなれど、日本《にほん》は日本《にほん》で、元《もと》の生神《いきがみ》が深《ふか》い経綸《しぐみ》を致《いた》して居《お》るから、日本《にほん》の人民《じんみん》がサッパリ日本魂《やまとだましい》に成《な》りて居《お》らんと、肝腎《かんじん》の時《とき》に狼狽《うろたえ》て、胴《どう》を失《うしな》うぞよ。口先《くちさき》では日本魂《やまとだましい》と申《もう》しても、腹《はら》の中《なか》に誠《まこと》が無《な》いものは大化物《おおばけもの》であるから、今度《こんど》の立替《たてか》えには、化物《ばけもの》は皆神《みなかみ》が平《たい》らげて了《しま》うぞよ。

今度《こんど》の大戦《おおたたか》いは、人種同志《じんみんどうし》の戦争《たたかい》で無《な》いぞよ。神《かみ》と神《かみ》と、国《くに》と国《くに》との、末代《まつだい》に一度《いちど》より無《な》い大戦《おおたたか》いであるぞよ。

今度《こんど》の日本《にほん》とがいこくとの戦《たたか》いには、男《おとこ》も女《おんな》も小供《こども》も一《ひと》つの心《こころ》に成《な》りて、日本《にほん》の国《くに》を奪《と》られては成《な》らんから、年寄《としよ》り迄《まで》も日本魂《やまとだましい》に立《た》ち復《かえ》りて、神国《しんこく》を守《まも》らねば、日本《にほん》の先祖《せんぞ》の大神《おおかみ》へ申《もう》し訳《わけ》が立《た》たんぞよ。今《いま》の如《よ》うな、我《われ》さえ良《よ》かりたら、人《ひと》はドウでも構《かま》わんと云《い》う如《よ》うな精神《せいしん》でありたら、日本《にほん》の国《くに》もエライ事《こと》に成《な》るぞよ。日本《にほん》の霊主体従《ひのもと》の結構《けっこう》な神国《しんこく》を、悪神《わるがみ》の頭《かしら》に茲《ここ》まで自由《じゆう》にしられて、是《これ》が悔《くや》しく無《な》いような腰抜《こしぬ》けが沢山《たくさん》あるが、今《いま》に日本《にほん》の頭《あたま》の上《うえ》にかぶさって来《き》て居《お》る大難《だいなん》を、何《なん》と致《いた》して打《う》ち払《はら》う心算《つもり》であるか。先《さき》の見《み》えん守護《しゅご》神人民《じんじんみん》には、神《かみ》も往生致《おうじょういた》して居《お》るぞよ。

三千年余《さんぜんねんあま》りての経綸《しぐみ》を顕《あら》わして、昔《むかし》の元《もと》の神《かみ》の御血筋《おちすじ》に、速《すみや》かに代《か》えて了《しも》うて……

……。二度目《にどめ》の世《よ》の立替《たてか》えは、現世《このよ》が出来《でき》てから未《ま》だ無《な》い、大望《たいもう》な事《こと》であるぞよ。

分《わ》けては言《い》われず、言《い》わな判《わか》らず、言《い》われはせず、元《もと》の悪《あく》から速《すみや》かに改心《かいしん》を致《いた》して、上《うえ》へ上《あ》がりて居《お》る血筋《ちすじ》も改心致《かいしんいた》して、茲《ここ》までに、元《もと》の根本《こんぽん》の天《てん》と地《ち》との先祖《せんぞ》を、世《よ》に落《お》とした事《こと》の御詫《おわ》びを致《いた》さな成《な》らん時節《じせつ》に近《ちか》よりたぞよ。

モウ此《こ》の先《さき》は、霊主体従《ひのもと》の経綸通《しぐみどお》りに致《いた》して、早《はや》く立替《たてか》えを致《いた》して、後《あと》の立直《たてなお》しに掛《か》からんと、何《なん》でも無《な》い事《こと》に国《くに》を潰《つぶ》して、脛腰《すねこし》の立《た》つ間《ま》に合《あ》う人民《じんみん》を、大根《だいこん》の葉房《はぶさ》を切《き》る如《よ》うな惨《むご》い事《こと》を致《いた》しても、向《むこ》うの国《くに》の、何一《なにひと》つも効能《こうのう》の有《あ》る事《こと》は無《な》いが、是《これ》も皆《みな》、悪神《わるがみ》の玩弄《おもちゃ》に成《な》りて居《お》るのであれど、世界《せかい》に気《き》の付《つ》いた人民《じんみん》は一人《ひとり》も無《な》いとは、惨《むご》い事《こと》に成《な》りたもので在《あ》るぞよ。初発《しょっぱつ》からの筆先《ふでさき》に、今度《こんど》は世界《せかい》が三分《さんぶ》になると毎度《まいど》申《もう》して知《し》らしてあるが、世界《せかい》は三分《さんぶ》になるぞよ。

何《なん》と申《もう》した所《とこ》で、日本《にほん》の間《ま》に合《あ》う身魂《みたま》が無《な》いように成《な》りて居《お》るから、今迄《いままで》に人民《じんみん》の思《おも》うて居《お》りた事《こと》が、大間違《おおまちが》いになりて来《く》るぞよ。外国《がいこく》の思《おも》いも大間違《おおまちが》いで、大《お》きな取《と》り違《ちが》いを致《いた》して居《お》るぞよ。中々一寸《なかなかちよつと》やそっとの取《と》り違《ちが》いでは無《な》いぞよ。日本《にほん》の人民《じんみん》も、がいこくの性霊《しようらい》に成《な》り切《き》りて了《しも》うて居《お》るから、心《こころ》の持《も》ち方《かた》が天地《てんち》に代《か》わりて居《お》るので、茲《ここ》までは向《むこ》うの国《くに》の…………。

天《てん》と地《ち》との根本《こんぽん》の大神《おおかみ》の御血統《おちすじ》だけに、誠《まこと》と云《い》う元《もと》の日本魂《やまとだましい》の性来《しようらい》は、一厘《いちりん》ほか無《な》いから、一輪《いちりん》の日本魂《やまとだましい》で、元《もと》の昔《むかし》へ世《よ》を捻直《ねじなお》して、ミロク様《さま》の世《よ》に致《いた》す経《しぐ》綸《み》であるから、何《なに》につけても大望《たいもう》な事《こと》ばかりであるぞよ。

向《むこ》うの国《くに》の性来《しようらい》が皆《みな》体主霊従《あく》であるから、薩張《さつぱ》り立《た》て分《わ》けてありたのが、世《よ》の末《すえ》と成《な》りて、斯《こ》んな見苦《みぐる》しき、混《ま》ぜ交《こ》ぜの世《よ》になりたのであるぞよ。

初発《しよつぱつ》の世界《せかい》の泥海《どろうみ》の折《おり》から、末代《まつだい》の巧《たく》みを為《し》て居《お》りた極悪神《ごくあくじん》の身上《みじよう》は、日本《にほん》の元《もと》の大神《おおかみ》が良《よ》く知《し》りて居《お》られるから、日本《にほん》にも初発《しよつぱつ》から深《ふか》い経綸《しぐみ》が為《し》てありての、今度《こんど》の神《かみ》と神《かみ》との大戦《おおたたか》いであるぞよ。

がいこくの悪《あく》の頭《かしら》は、何《ど》うしてなりと日本《にほん》へ上《あ》がる巧《たく》みを為《し》て居《お》るなれど、日本《にほん》の国《くに》へは上《あ》げられんから、ろ国《こく》の先祖《せんぞ》と為《し》てありたなれど、悪《あく》の強《つよ》い奸賢《わるがしこ》い性来《しようらい》であるから、何《ど》の様《よう》に為《し》てでも目的《おもわく》を立《た》てねば、途中《とちゆう》で邪魔《じやま》を致《いた》すと云《い》う邪神《じやしん》であるから、天地《てんち》の根本《こんぽん》の大神《おおかみ》は、茲《ここ》まで悔《くや》しい残念《ざんねん》を堪《こば》り詰《つ》めて、悪神《わるがみ》の仕組《しぐみ》の九分九厘《くぶくりん》と成《な》るまでの、永《なが》い間《あいだ》の堪忍《かんにん》を致《いた》して、悪神《わるがみ》の頭《かしら》の目的《おもわく》を立《た》てさしておいたが、モウ一《ひと》つ目的《おもわく》を立《た》てて居《お》るのを、日本《にほん》の元《もと》の大神《おおかみ》が能《よ》く知《し》りて居《お》るから、日本《にほん》の神国《しんこく》には、がいこくの御魂《みたま》の能《よ》う為《せ》ん事《こと》が仕組《しぐ》みてあるから、九分九厘《くぶくりん》まではトントン拍子《びようし》に出《で》て来《き》たなれど、モウ悪《あく》の経綸《しぐみ》の輪止《りんど》まりが来《き》たから、フクロ鳥《どり》の宵企《よいだく》みと成《な》りて、此《こ》の先《さき》では夜食《やしよく》に外《はず》れて、難《むずか》しき顔《かお》を致《いた》さな成《な》らん如《よ》うに、時節《じせつ》が参《まい》りたぞよ。

明治《めいじ》二十五年《ねん》から知《し》らして在《あ》ることが、皆《みな》その通《とお》り出《で》て来《く》るぞよ。寒《さむ》さ暑《あつ》さの容《よう》赦《しゃ》は無《な》いと申《もう》して在《あ》ろうがな。是《これ》だけの寒《かん》じでも、斯《こ》の大望《たいもう》な事《こと》がはじまりたら、水《みず》の中《なか》でも火《ひ》の中《なか》でも、熱《あつ》い寒《さむ》いは言《い》うて居《お》れん、大望《たいもう》な大戦《おおたたか》いであるぞよ。斯《こ》の世《よ》が出来《でき》てから未《ま》だ無《な》い、末代《まつだい》に一度《いちど》ほか為《し》られん二度目《にどめ》の世《よ》の立替《たてか》えであるのに、何《なに》も判《わか》らぬ悪神《わるがみ》の仕組《しぐみ》は、我良《われよ》しの強《つよ》い者勝《ものが》ちの行《や》り方《かた》であるから、我《われ》の血筋《ちすじ》と親族《ひっぽう》と眷属《けんぞく》とさえが良《よ》かりたら、何時《いつ》まで掛《か》かりて居《お》りても、奪《と》れた折《おり》に奪《と》りたら良《よ》いと云《い》う悪神《わるがみ》の仕組《しぐみ》は、ラクな行《や》り方《かた》であるぞよ。そんな仕組《しぐみ》を致《いた》して居《お》る方《ほう》のいう如《よ》うに、相手《あいて》になりて居《お》りたら、此《こ》の世《よ》が泥海《どろうみ》と成《な》る事《こと》が見《み》え透《す》いて居《お》るから、昔《むかし》の元《もと》から日本《にほん》の国《くに》には、悪神《わるがみ》の方《ほう》からは見《み》えも判《わか》りも致《いた》さず、学力《がくりき》でも智慧《ちえ》でも、外《ほか》の身魂《みたま》では出来《でき》ん経綸《しぐみ》が為《し》てあるから、何《ど》うしても悪《あく》の身魂《みたま》に改心《かいしん》が出来《でき》んなれば、国《くに》とは代《か》えられんから、一輪《いちりん》の仕組《しぐみ》通《どお》りに致《いた》して、爰《ここ》までは堪《こば》りたなれど、爰《ここ》に成《な》りておりても判《わか》らんような悪《あく》の頭《かしら》なら、仕組《しぐ》みてある如《よ》うに致《いた》して、バタバタと処置《かた》を付《つ》けて、後《あと》の立直《たてなお》しの用意《ようい》を致《いた》さんと、斯《こ》の世《よ》を茲《ここ》までに自由自在《じゆうじざい》に致《いた》されて、天地《てんち》の先祖《せんぞ》の威光《いこう》が解《わか》らんから、斯《こ》の世《よ》を創造《こしらえ》て、末代《まつだい》の世《よ》を建《た》てて行《い》かねば成《な》らん天《てん》と地《ち》との先祖《せんぞ》が、今《いま》までは堪忍《こばり》て来《き》たなれど、余《あま》りの事《こと》で、日本《にほん》の霊主体従《ひのもと》の一《いち》と申《もう》して二《に》の無《な》い国《くに》を、天竺《てんじく》や外国《がいこく》と同《おな》じ如《よ》うに致《いた》して、自由《じゆう》に為《し》られるとは、時節《じせつ》とはいい乍《なが》ら、爰《ここ》で改心《かいしん》を致《いた》せば又仕様《またしよう》も在《あ》るなれど、余《あま》りの事《こと》で、モウ堪忍袋《こらえぶくろ》が切《き》れるぞよ。悪神《わるがみ》に自由自在《じゆうじざい》にして了《しま》われて、天《てん》の御三体様《ごさんたいさま》に何《ど》う申《もう》し訳《わけ》が出来《でき》るか。艮《うしとら》の金神《こんじん》を無《な》い神《かみ》と致《いた》してから、恐《こわ》いものが無《な》いように成《な》りたから、日本《にほん》の神国《しんこく》を好《す》きな如《よ》うに、我《われ》の一力《いちりき》で仕放題《しほうだい》、好《す》き寸法《すっぽう》の悪力《わるぢから》がありたら、上《うえ》へ上《あ》がりて出世《しゅつせ》が出来《でき》て、ラクな行《や》り方《かた》、我《われ》の一力《いちりき》で悪《わる》い事《こと》を為《す》る守護神《しゅごじん》でありたら出世《しゅつせ》が出来《でき》たのが、頭《かしら》が極悪《ごくあく》でありたから、悪《あく》の登《のぼ》るのは早《はや》かりたので在《あ》るぞよ。上《うえ》へ登《のぼ》りて、後《あと》も前《さき》も構《かま》わずに、頭《かしら》と尾《お》とで前後《ぜんご》へ手《て》が廻《まわ》らずに、上《うえ》さえ上《あ》がれたら良《よ》いと云《い》う行《や》り方《かた》、九分九厘《くぶくりん》までは、跡《あと》が何《ど》うなろうと先《さき》が何《ど》う成《な》ろうと行《い》ける処《とこ》まで、胴体《どうたい》が無《な》いから、八《や》ツ頭《がしら》八《や》ツ尾《お》で、肝腎《かんじん》の大事《だいじ》の真中《まんなか》が無《な》いと、頭《あたま》と尾《お》とでは肝心《かんじん》の事《こと》が成就《じょうじゅ》いたさんぞよ。

日本《にほん》は世界《せかい》の中心《まんなか》で在《あ》るから、肝腎《かんじん》の要《かな》めの所《とこ》に、大事《だいじ》の経綸《しぐみ》が為《し》てあるから、モウ微躯《びく》とも致《いた》さねども、人民《じんみん》の方《ほう》は何事《なにごと》も改心次第《かいしんしだい》であるぞよ。

日本《にほん》の人民《じんみん》も、大《おお》きな取《と》り違《ちが》いを致《いた》して居《お》ると、毎度筆先《まいどふでさき》で書《か》かして知《し》らして在《あ》るが、其《そ》の大間違《おおまちが》いの判《わか》る時節《じせつ》が参《まい》りて来《き》たぞよ。余《あま》り一度《いちど》に何彼《なにか》の事《こと》が判《わか》りて来《き》て、逆立《さかだ》ちに成《な》って、ヌタクラナ成《な》らん如《よ》うになりて来《き》たぞよ。

神《かみ》が一度《いちど》申《もう》した事《こと》は、何事《なにごと》に由《よ》らず、皆世界《みなせかい》から出《で》て来《く》るから、一日《いちにち》も早《はや》く改心《かいしん》を致《いた》すように、日々《にちにち》に続《つづ》いて知《し》らして遣《や》りたなれど、今《いま》に誠《まこと》に致《いた》さん故《ゆえ》に、何彼《なにか》の時節《じせつ》が九分九厘《くぶくりん》となりて来《き》て、善悪《ぜんあく》の立《た》て分《わ》けを致《いた》さな成《な》らんから、彼方《あちら》にも此方《こちら》にも足《あし》もとにも、何《なに》からはじまるやら、人民《じんみん》には見当《けんとう》が取《と》れん事《こと》になるぞよ。覇張《はば》りた事《こと》を天晴《あつぱれ》と露《あら》わして、末代《まつだい》の記録《きろく》に残《のこ》すから、爰《ここ》へ成《な》る迄《まで》に、身魂《みたま》を磨《みが》いて置《お》けと申《もう》して知《し》らしたなれど、誠《まこと》に致《いた》して聞《き》く身魂《みたま》が無《な》いから、是《これ》からは、めぐりの在《あ》る処《とこ》には、罪過《めぐり》だけの借銭済《しやくせんな》しを致《いた》さすので在《あ》るぞよ。何処《どこ》も恨《うら》める所《とこ》は無《な》いぞよ。自分《われ》の身魂《みたま》を恨《うら》めるより仕様《しよう》は無《な》いぞよ。今度《こんど》の二度目《にどめ》の立替《たてか》えは、国々処々《くにぐにところどころ》、都会田舎村々家々《ひろみいなかむらむらいえいえ》に、身魂《みたま》の借銭《しやくせん》だけの事《こと》は、天地《てんち》の神《かみ》から済《な》さして了《しま》うから、何処《どこ》も恨《うら》む事《こと》は無《な》いと申《もう》して、明治《めいじ》二十五年《ねん》から今《いま》に続《つづ》いて知《し》らして在《あ》るぞよ。

知《し》らして在《あ》る事《こと》が、良《よ》い事《こと》も厭《いや》な事《こと》も、みな一度《いちど》に何《なに》も出《で》て来《く》るぞよ。そうなりた折《おり》には、世界《せかい》の人民《じんみん》は矢張《やは》り、艮能金神《うしとらのこんじん》は悪神《わるがみ》であると未《ま》だ申《もう》すぞよと申《もう》して在《あ》るが、神《かみ》から申《もう》して在《あ》る事《こと》は、一分《いちぶ》も違《ちが》わずに皆出《みなで》て来《く》るから、艮《うしとら》の金神《こんじん》が悪《わる》い騒動《さわぎ》をいたす如《よ》うに思《おも》うで在《あ》ろうなれど、天《てん》からの時節《じせつ》で何《なに》も出《で》て来《く》るのであるから、艮《うしとら》の金神《こんじん》も何《ど》う致《いた》す事《こと》も出来《でき》んので在《あ》るから、夫《そ》れ迄《まで》に一人《いちにん》なりとも改心《かいしん》さして、助《たす》けたいと思《おも》うて、今《いま》まで苦労艱難《くろうかんなん》いたして知《し》らしたので在《あ》るぞよ。

新《さら》つの洗《あら》い替《か》えの世《よ》になるのであるから、がいこくには厳《きび》しき事《こと》が在《あ》るぞよ。此《こ》の事《こと》は、明治《めいじ》二十七年《ねん》の七月《がつ》の差《さ》し入《い》りの筆先《ふでさき》に書《か》かしてあるぞよ。

良《よ》い事《こと》も厭《いや》な事《こと》も、一度《いちど》出《だ》して在《あ》る事《こと》は、遅《おそ》し速《はや》しは在《あ》るなれど、皆出《みなで》て来《く》るぞよ。

悪《あく》の頭《かしら》から、トコトン発根《ほつごん》の改心《かいしん》を致《いた》さんと、思《おも》うて居《お》る事《こと》に大間違《おおまちが》いが、我《われ》に皆出《みなで》て来《く》るぞよ。余《あま》り我好《われよ》しの行《や》り方《かた》で、大間違《おおまちが》いが顕《あら》われて来《き》て、腰《こし》が抜《ぬ》けて了《しも》うて、腮《あご》が外《はず》れて言《もの》もいえず、足《あし》が上《うえ》になりて、頭《かしら》が下《した》に成《な》りて、手《て》で其処《そこ》ら傍《あた》りをヌタクラナ成《な》らん様《よう》な事《こと》が出《で》て来《く》るぞよと、今年《ことし》で二十七年目《にじゅうしちねんめ》であるが、其《そ》の間昼夜《あいだちゅうや》に知《し》らして在《あ》るぞよ。

天地《てんち》の生神《いきがみ》の先祖《せんぞ》を、要《い》らんものじゃ、神《かみ》は無《な》くても良《よ》いものじゃと申《もう》して居《お》りたが………、悪《あく》で此《こ》の世《よ》の政治《せいじ》が行《や》れるかと云《い》う事《こと》を覚《さ》とるように、充分《じゅうぶん》に思《おも》わくを為《さ》して、大神《おおかみ》が蔭《かげ》から見《み》て居《お》れば、未《ま》だモ一《ひと》つ悪《あく》を強《つよ》くして、斯《こ》の世《よ》を此《こ》の儘《まま》で行《や》りて行《い》こうとの精神《せいしん》であろうがな。日本《にほん》の国《くに》を、がいこくの悪《あく》がモ一《ひと》つ上《うえ》へ上《あ》がりて、王《おう》の王《おう》に成《な》りて行《い》こうとの度豪《どえら》い経綸《しぐみ》を致《いた》して居《お》ろうがな。

日本《にほん》は神《かみ》の国《くに》、神《かみ》が守《まも》らな治《おさ》まらぬ国《くに》であるのに、肝腎《かんじん》の一《いち》の番頭二《ばんとうに》の番頭《ばんとう》から、薩張《さつぱ》りがいこく魂《だま》に成《な》り切《き》りて了《しも》うて居《お》るから、何時《いつ》までも世《よ》はゴテゴテ致《いた》して、治《おさ》まりは致《いた》さんぞよ。

人民力《じんみんりき》で、斯《こ》の結構《けつこう》な神国《しんこく》の政治《せいじ》が出来《でき》るなら、モチト立派《りつぱ》に世《よ》が立《た》ちては行《い》けそうなものでないか。今《いま》の世《よ》の持《も》ち方《かた》は丸切《まるき》り、ちくしょうの行《や》り方《かた》で、強《つよ》いものが弱《よわ》いものの汗油《あせあぶら》を絞《しぼ》りて、其《そ》の汗《あせ》と油《あぶら》で高《たか》い処《ところ》へ上《あ》がって、舌《した》をペロリと出《だ》して見下《みお》ろして居《お》るが、夫《そ》れが悪魔《あくま》の世《よ》と申《もう》すぞよ。

是《これ》だけ世界《せかい》に上下懸隔《じょうげうんぷ》が在《あ》りては、何時《いつ》になりても斯《こ》の世《よ》に口舌《くぜつ》の絶《た》えると云《い》う事《こと》は無《な》いぞよ。がいこくの真似斗《まねばか》り致《いた》して、是《これ》が開《ひら》けた世《よ》の行《や》り方《かた》と申《もう》して居《お》るが、何処《どこ》が開《ひら》けたのか。肝心《かんじん》の開《ひら》くべき所《とこ》は、二重三重《にじゅうさんじゅう》に閉《ふさ》いで了《しも》うて、開《ひら》いてはならぬ神国《しんこく》の宝《たから》を破乱《ばら》かして了《しも》うて、二進《にっち》も三進《さっち》も行《い》かんようになりて、途中《とちゅう》の豪《えら》い鼻高《はなだか》が、毎年一処《まいねんひととこ》へ国々《くにぐに》から集《よ》って来《き》て、結構《けっこう》な御《ご》相談《そうだん》や争論《いさかい》を致《いた》して御《ご》座《ざ》るが、下《した》の何《なに》も知《し》らん人民《じんみん》は良《よ》い面《つら》の皮《かわ》じゃぞよ。

昔《むかし》からの暦《こよみ》を潰《つぶ》したり、神《かみ》の鎮《しず》まる先祖《せんぞ》代々《だいだい》からの御《お》宮《みや》を、金《かね》が無《な》いからと申《もう》して潰《つぶ》したり、神《かみ》を相借家《あいしゃくや》へ投《ほ》り込《こ》みて置《お》いて、人民《じんみん》は昔《むかし》の王《おう》も叶《かな》わんような家《いえ》を建《た》て、別荘《べっそう》を立《た》て、金斗《かねばか》りを重宝《ちょうほう》がり、金《かね》さえ在《あ》りたら神《かみ》も糞《くそ》も要《い》るものかと、エライ慢神《まんしん》と取《と》り違《ちが》いを致《いた》して居《お》るが、斯《こ》んな六茶《むちゃ》な天地《てんち》を畏《おそ》れぬ、がいこく魂《だま》のちくしょうの行《や》り方《かた》は、神《かみ》は何時《いつ》までも許《ゆる》す事《こと》は出来《でき》んから、皆夫《みなそ》れ夫《そ》れに覚《かく》悟《ご》を為《な》さるが良《よ》かろう。

がいこくの真似《まね》を致《いた》して、何程骨《なにほどほね》を折《お》りても、万古末代《まんごまつだい》の世《よ》を自由《じゆう》に致《いた》すと云《い》う事《こと》は、到底出来《とうていでき》は致《いた》さんから、素直《すなお》に致《いた》して改心《かいしん》をして、神《かみ》の申《もう》すようの世《よ》の持《も》ち方《かた》に致《いた》せば、此《こ》の儘《まま》で神《かみ》が構《かも》うて続《つづ》かして、尾《お》を隠《かく》してでも許《ゆる》して遣《や》るなれど、余《あま》りしぶとう頑張《がんば》りて居《お》ると、三千世界《さんぜんせかい》の赤恥《あかはじ》を掻《か》く事《こと》が出来《でき》て来《く》るぞよ。日本《にほん》の国《くに》だけでも是《これ》だけ持《も》て余《あま》して居《お》りて、他《よそ》の国《くに》の事《こと》ども構《かま》い立《だ》てする暇《ひま》は有《あ》りもせんのに、肝腎《かんじん》の足元《あしもと》は良《よ》い加減《かげん》な事《こと》に致《いた》しておいて、終《しま》いには、共倒《ともだお》れに成《な》ると云《い》う事《こと》に気《き》の付《つ》かんから、〇〇の国《くに》は一日増《いちにちま》しに押《お》しつまりて来《き》て、食物《しょくもつ》は段々《だんだん》と欠乏《ひっぱく》になるなり、菜《な》の葉《は》一枚《いちまい》でも大切《たいせつ》な事《こと》に今《いま》に成《な》りて来《く》るぞよ。何程金《なにほどかね》を貯《ため》て歓《よろこ》んで居《お》りても、正可《まさか》の時《とき》には、金銀《きんぎん》では生命《いのち》が継《つな》げんぞよ。百万《ひやくまん》円《えん》の金《かね》よりも、一握《ひとにぎ》りのお米《よね》の方《ほう》が大切《たいせつ》な世《よ》が廻《まわ》りて来《き》て、明治《めいじ》二十五年《ねん》から毎《まい》度《ど》筆先《ふでさき》で知《し》らして在《あ》るように、田地《でんち》に植《う》え込《こ》みて喜《よろこ》びて居《お》りた桑迄《くわまで》も、掘《ほ》り起《お》こさな成《な》らん事《こと》に成《な》りて来《く》るが、人民《じんみん》と申《もう》す者《もの》は近慾《ちかよく》で、近眼《ちかめ》で、誠《まこと》の神《かみ》の申《もう》す事《こと》は判《わか》らんぞよ。誠《まこと》に気《き》の毒《どく》なもので在《あ》れども、人民《じんみん》の精神《せいしん》が薩張《さつぱ》り曇《くも》り切《き》りて居《お》るから、何《なに》を為《し》て見《み》せても、何《なに》を聞《き》かして遣《や》りても、神《かみ》の申《もう》す事《こと》を汲《く》み取《と》る人民《じんみん》が無《な》いが、能《よ》うも茲《ここ》まで曇《くも》りたものじゃ。

無間《むげん》の鐘《かね》まで掘《ほ》り上《あ》げて、今《いま》じゃ早《はや》じゃと知《し》らせども、今《いま》の世界《せかい》の人民《じんみん》は、慾斗《よくばか》りに迷《まよ》うて一寸先《いっすんさき》も見《み》えず、是《これ》だけ天地《てんち》に昼夜《ちゅうや》に鳴《な》り渡《わた》る大神《おおかみ》の声《こえ》も聞《き》こえず、鳥獣《とりけもの》にも劣《おと》りたもの斗《ばか》り、世《よ》の立直《たてなお》しを致《いた》そうにも、掛《か》かりかけが出来《でき》んぞよ。

けれども、綾部《あやべ》の大本《おほもと》には、神《かみ》が綱《つな》を懸《か》けて、昔《むかし》の其《そ》の儘《まま》の日本《やまと》魂《だましい》を引《ひ》き寄《よ》せる経綸《しぐみ》が致《いた》して在《あ》るから、大丈夫《だいじょうぶ》ではあれど、心《こころ》はチットも許《ゆる》されん大望《たいもう》な所《とこ》であるぞよ。

がいこくの悪神《わるがみ》が今《いま》に仲直《なかなお》りを致《いた》したら、今度《こんど》は腹《はら》を合《あ》わして、一《ひと》つになりて攻《せ》めて来《く》るから、日本神国《にほんしんこく》の人民《じんみん》は、判《わか》りたものから用意《ようい》を致《いた》して下《くだ》されよ。

末代《まつだい》に一度《いちど》の、世《よ》の立替《たてか》え立直《たてなお》しであるぞよ。

明治《めいじ》二十五年《ねん》から出口直《でぐちなお》の手《て》を借《か》り、口《くち》を借《か》りて知《し》らしてありた事《こと》の実地《じっち》が、出《で》て来《く》る世《よ》になりたぞよ。

露国《ろこく》から始《はじ》まりて、日本《にほん》と外国《がいこく》との大戦《おおたたか》いが在《あ》ると申《もう》したが、時節《じせつ》が来《き》たぞよ。がいこくは、終《しま》いには一腹《ひとはら》になりて来《く》ると申《もう》して、知《し》らして在《あ》ろうがな。この神《かみ》、一度《いちど》申《もう》したら、何時《いつ》に成《な》りても、毛筋《けすじ》の横巾《よこはば》ほども違《ちが》いは致《いた》さんぞよ。これが違《ちご》うたら、神《かみ》は斯《こ》の世《よ》に居《お》らんぞよ。

がいこくの悪神《わるがみ》の頭《かしら》が、露国《ろこく》を無茶苦茶《むちゃくちゃ》に致《いた》して置《お》いて、モ一《ひと》つ向《むこ》うの国《くに》へ渡《わた》りて、人民《じんみん》の王《おう》を自由《じゆう》に使《つこ》うて、世界中《せかいじゅう》の困難《こんなん》をも構《かま》わずに、自国《われ》さえ良《よ》けら他《ひと》はドウデも良《よ》い、人《ひと》は倒《たお》しても我《われ》さえ立《た》ちたら満足《まんぞく》じゃと申《もう》して、悪《あく》の頭《かしら》が、今《いま》に日本《にほん》の神国《しんこく》へ攻《せ》めて来《く》るぞよと申《もう》して、知《し》らしてあるぞよ。

日本《にほん》の人民《じんみん》にチットでも誠《まこと》がありて、一《いち》の番頭《ばんとう》、二《に》の番頭《ばんとう》の守護神《しゅごじん》に、誠一《まことひと》つの日本魂《やまとだましい》さえ在《あ》りたら、何程《なにほど》がいこくの学力《がくりき》でも、人民《じんみん》が沢山在《たくさんあ》りても、金《かね》が何《なに》程《ほど》ありても、ビクとも致《いた》さねども、今《いま》の日本《にほん》の持《も》ち方《かた》は、守護神《しゅごじん》が薩張《さつぱ》り、がいこくよりもマダ一段《いちだん》身魂《みたま》が劣悪《おと》りて了《しも》うて居《お》るから、今《いま》にキリキリ舞《ま》いを致《いた》さならぬ事《こと》が出来《でき》てきて、往《ゆ》きも還《かえ》りも出来《でき》ぬ様《よう》に成《な》るのは、眼《め》の前《まえ》にチラ付《つ》いて居《お》るから、一日《いちにち》も早《はや》く改心致《かいしんいた》せよ、身魂《みたま》を研《みが》けよと、腹《はら》が立《た》つ程《ほど》クドウ申《もう》して気《き》が付《つ》けてありたぞよ。

この大本《おほもと》へ立《た》ち寄《よ》る誠《まこと》の人《ひと》は、明治《めいじ》二十五年《ねん》から、昼夜《ちゅうや》に出口直《でぐちなお》に書《か》かしてある筆先《ふでさき》を調《しら》べて下《くだ》されよ。一分《いちぶ》一厘間《いちりんま》違《ちが》いは無《な》いと申《もう》す事《こと》が、何程疑《なにほどうたが》いの強《きつ》い人民《じんみん》でも判《わか》りて来《く》るぞよ。

それで改心《かいしん》の出来《でき》ぬような人民《じんみん》は、気《き》の毒《どく》でも、今度《こんど》の二度目《にどめ》の世《よ》の立替《たてか》えには間曳《まび》かれて、万古末代根《まんごまつだいね》の国《くに》、底《そこ》の国《くに》へ霊魂《みたま》を落《お》として了《しま》うと云《い》う神界《しんかい》の規則《きそく》であるぞよ。神《かみ》は人民《じんみん》を助《たす》けたさの、永《なが》い間《あいだ》の此《こ》の苦労《くろう》であるぞよ。

兵隊《へいたい》を一旦日本《いったんにほん》へ引《ひ》き寄《よ》して、がいこくを地震《じしん》、雷《かみなり》、火《ひ》の雨降《あめふ》らしてたやさねば、世界《せかい》は神国《しんこく》にならんから、余《あま》り何時迄《いつまで》も神《かみ》の申《もう》す事《こと》を聞《き》かねば、三千年《さんぜんねん》の経綸通《しぐみどお》りに致《いた》すから、世界《せかい》に何事《なにごと》ありても、神《かみ》と出口《でぐち》を恨《うら》めて呉《く》れなよ。我身魂《わがみたま》を恨《うら》めるより仕様《しよう》は無《な》いぞよと申《もう》してあろうがな。気《き》の毒《どく》なものでも、モウ神《かみ》は一切《ひとき》りに致《いた》さねば、天《てん》の御先祖様《ごせんぞさま》へ艮《うしとら》の金神《こんじん》の申《もう》し訳《わけ》が立《た》たんぞよ。

明治《めいじ》二十五年《ねん》から、天《てん》の御先祖様《ごせんぞさま》の御命令《ごめいれい》を戴《いただ》きて、世界《せかい》の人民《じんみん》に何彼《なにか》の事《こと》を知《し》らせども、今《いま》の人民《じんみん》、慾《よく》に惚《ほう》けて我身《わがみ》の用意斗《しがくばか》り、国《くに》の事共《ことども》おもう人民《じんみん》は、上《うえ》に立《た》って居《お》る守護神《しゅごじん》には薬《くすり》にする程《ほど》も無《な》いから、世《よ》は段々《だんだん》と押《お》し詰《つ》まりて来《く》る斗《ばか》り、今《いま》に皆《みな》の人民《じんみん》がキリキリ舞《ま》いを致《いた》して、アフンと致《いた》す事《こと》が到来《とうらい》するぞよ。

人民《じんみん》は神《かみ》に次《つい》での霊《みたま》であるから、チットは解《わか》りそうなものなれど、薩張《さつぱ》り肝腎《かんじん》の霊魂《みたま》が、がいこくの悪神《わるがみ》に自由自在《じゆうじざい》にしられて、眉毛《まゆげ》を読《よ》まれて、尻《しり》の毛《け》が一本《いっぽん》も無《な》い所《とこ》までワヤに為《し》られて居《お》りても、マダ気《き》が付《つ》かずに、悪神《わるがみ》の頭《かしら》にだまされて、我《われ》と我手《わがて》に苦《くる》しみ居《お》るぞよ。

吾妻《あずま》の国《くに》は一晴《ひとは》れの実《みの》りの致《いた》さぬ薄野尾《すすきのお》、実《みの》り致《いた》さな国《くに》は栄《さか》えぬ。吾妻《あずま》の国《くに》へ遙《はる》遙《ばる》と都《みやこ》に致《いた》す心悲《こころかな》しき。

唐土《とうど》の鳥《とり》の渡《わた》らん先《さき》に、神《かみ》は還《かえ》りて経綸《しぐみ》を致《いた》せども、聴《き》く人民《じんみん》無《な》き故《ゆえ》に、残念《ざんねん》なれど、唐土《とうど》の鳥《とり》が今《いま》に日本《にほん》へ渡《わた》りて来《く》るぞよ。毒《どく》を空《そら》から降《ふ》らして、日本《にほん》の人民《じんみん》を絶《た》やす経綸《しぐみ》を、昔《むかし》から致《いた》して居《お》る事《こと》が、能《よ》く神《かみ》には判《わか》りて居《お》るから、永《なが》らく知《し》らしたので在《あ》りたぞよ。

早《はや》く改心致《かいしんいた》さぬと、改心《かいしん》の間《ま》が無《な》いぞよ。神《かみ》は気《き》を付《つ》けた上《うえ》にも気《き》が付《つ》けてあるぞよ。

モウ何彼《なにか》の事《こと》が一度《いちど》に実現《なり》て来《く》るから、斯《こ》んな事《こと》なら、モ一《ひと》つ気《き》を付《つ》けて呉《く》れそうなものでありたと、未《ま》だ不足《ふそく》を申《もう》す守護神《しゅごじん》、人民《じんみん》があるぞよ。何程不足《なにほどふそく》を申《もう》しても、神《かみ》が茲《ここ》まで、出口《でぐち》に苦労《くろう》さして気《き》を付《つ》けてあるからは、神《かみ》にも宣教者《とりつぎ》にも、ヨモヤ落度《おちど》はあろまい。不足《ふそく》があるなら、我身《わがみ》の心《こころ》を良《よ》く考《かんが》えて見《み》て不足申《ふそくもう》さんと、スコタンを喰《くら》うぞよ。

茲《ここ》へ成《な》る事《こと》が良《よ》く判《わか》りて居《お》るから、今年《ことし》で知《し》らしかけてから二十七年目《にじゅうしちねんめ》であるぞよ。

今《いま》の人民《じんみん》も守護《しゅご》神《じん》も、大《おお》きな誤解《とりちがい》を致《いた》して居《お》りて、今《いま》に成《な》りてから、他《ほか》へ問《と》いに行《い》く所《とこ》は無《な》し、何《ど》う為様《しよう》も無《な》い事《こと》が近《ちこ》う成《な》りて来《き》たぞよ。是《これ》だけククメルように知《し》らしてあるのに、未《ま》だ判《わか》らんとは、惨《むご》い事《こと》に曇《くも》りたものであるぞよ。神《かみ》はそれが出《で》て来《き》た折《おり》に、何《ど》う為様《しよう》も無《な》い事《こと》が出来《でき》んように、嚙《か》みて口《くち》へ入《い》れて、飲《の》み込《こ》みたら良《よ》いように致《いた》して、筆先《ふでさき》で知《し》らせ、言葉《ことば》で知《し》らせてあるが、モウ此《こ》の上《うえ》に知《し》らせようが無《な》いぞよ。

この悪《あく》の世《よ》を、天《てん》と地《ち》との先祖《せんぞ》の、一《ひと》つの誠《まこと》の世《よ》へ立《た》ち帰《かえ》らすので在《あ》るから、茲《ここ》までに申《もう》して聞《き》かしたら、何程悪魔《なにほどあくま》でも、チットは合点《がてん》が行《い》かねば、神《かみ》と名《な》の付《つ》いて居《お》る悪神《わるがみ》も、是《これ》からは気《き》の毒《どく》な事《こと》になるぞよ。

茲《ここ》まで誠一《まことひと》つの天地《てんち》の大神《おおかみ》を、茲《ここ》までに能《よ》うも苦《くる》しめたなア。ここ迄《まで》に致《いた》したら、是《これ》に不足《ふそく》は有《あ》りは致《いた》すまい。極悪《ごくあく》と申《もう》しても、エライえぐい身魂《みたま》であるぞよ。モウ堪忍袋《かんにんぶくろ》の緒《お》が断《き》れたぞよ。

天地《てんち》の先祖《せんぞ》も、茲《ここ》までの辛抱《しんぼう》を水《みず》の泡《あわ》には致《いた》しとも無《な》いなれど……茲迄《ここまで》は国《くに》を潰《つぶ》さぬ様《よう》にして、向《むこ》うの国《くに》にモチトらしい身魂《みたま》が在《あ》りたら、国《くに》と国《くに》とを立《た》て分《わ》けて、国《くに》の奪《と》り合《あ》いと云《い》うような事《こと》を致《いた》さずに、皆手《みなて》を引《ひ》き合《お》うて行《い》きたいは神《かみ》の一心《いっしん》なれど、余《あま》り向《むこ》うの国《くに》の身魂《みたま》の性来《しょうらい》では、国《くに》が治《おさ》まると云《い》う事《こと》の出来《でき》ぬ悪《わる》い性来《しょうらい》であるから、バタバタと埒《らち》を付《つ》けねば、世界《せかい》は何時《いつ》までも治《おさ》まらぬぞよ。

向《むこ》うの国《くに》へ上《あ》がりて居《お》りた、がいこくの悪神《わるがみ》の霊魂《みたま》が、日本《にほん》の国《くに》へ上《あ》がりて来《き》て、豆狸《まめだぬき》、うじむし同様《どうよう》の悪《わる》シブトウて、日本《にほん》の国《くに》には使《つか》いようが無《な》いから、一旦《いったん》は世界中《せかいじゅう》を洗《あら》い替《か》えと致《いた》さねば、日本《にほん》の国《くに》が、がいこくの性来《しょうらい》ばかりで、是《これ》ぞと曰《い》う身魂《みたま》が無《な》いから、茲《ここ》まではドウゾドウゾと思《おも》い過《す》ごして、気《き》を揉《も》みたなれど、到底助《とうていたす》ける方法《ほうほう》は、今《いま》に無《な》い所《とこ》まで曇《くも》りて来《き》て居《お》るぞよ。

モチットらしい身魂《みたま》がありたら、セメテ二国程《にこくほど》は残《のこ》して遣《や》りたいと思《おも》うたなれど、余《あま》りエグイ身魂斗《みたまばか》りであるから、昔《むかし》からの天地《てんち》の神《かみ》の経綸《しぐみ》どおりに致《いた》して、埒良《らちよ》く致《いた》さんと、悪《あく》が何時迄《いつまで》も絶《た》えんぞよ。

チット可成《ましな》身魂《みたま》がありたらと思《おも》うて延《の》ばす程《ほど》、向《むこ》うの国《くに》の極悪《ごくあく》が猶悪《なおわる》くなる斗《ばか》りで、モ一《ひと》つ日本《にほん》の国《くに》を下《した》に為《し》どころか、日本《にほん》の国《くに》を欺《だま》し討《う》ちに致《いた》して、奪取《とり》て了《しま》う悪《わる》い巧《たく》みを致《いた》して居《お》るから、霊主体従《ひのもと》の経綸《しぐみ》に神《かみ》が致《いた》してやらんと、未《ま》だ未《ま》だ悪《わる》い事《こと》を仕組《しぐ》みて居《お》るぞよ。

日本《にほん》の人民《じんみん》は、薩張《さつぱ》り皆揃《みなそろ》うて大和魂《やまとだましい》に成《な》りて、胴《どう》を据《す》えて、腹帯《はらおび》を占《し》めて掛《か》からんと、是迄《これまで》のような心《こころ》で居《お》りたら、国《くに》が全然無《すつくりな》いように成《な》りて了《しま》うぞよ。

茲《ここ》までに天地《てんち》の御先祖様《ごせんぞさま》が、御艱難《ごかんなん》を遊《あそ》ばされた御苦労《ごくろう》を、水《みず》の泡《あわ》と成《な》るような事《こと》は致《いた》さんぞよ。

日本《にほん》の人民《じんみん》が、皆揃《みなそろ》うて御手伝《おてつだ》いを致《いた》さんと、世界《せかい》の立替《たてか》えの大峠《おおとうげ》となりて来《き》たから、茲《ここ》へ成《な》りた折《おり》には、身体《からだ》も霊魂《みたま》も清《すぐ》やかになりて居《お》らんと、日本《にほん》の国《くに》の人民《じんみん》が、コンナ見苦《みぐる》しき国害《がい》を致《いた》す、がいこくの身魂《みたま》が良《よ》いと申《もう》すような事《こと》になるのが、世《よ》の元《もと》から能《よ》く判《わか》りて居《お》るから、天地《てんち》の先祖《せんぞ》は、茲《ここ》まで是《これ》だけに気張《こば》りて、御血筋《おちすじ》には充分《じゆうぶん》の苦労《くろう》、艱難《かんなん》、悔《くや》しき事《こと》を堪《こば》り詰《つ》めて来《き》て見《み》て居《お》れば、向《むこ》うの国《くに》の今《いま》の困難《こんなん》、あれ程《ほど》の惨事《こと》がありても、何《なに》も気《き》の付《つ》く守護神《しゅごじん》がチットも無《な》いのが、人《ひと》はドウデも構《かま》わぬと云《い》う悪神《わるがみ》の精神《せいしん》であるから、何《なに》も気《き》が付《つ》かんのであるぞよ。向《むこ》うの身魂《みたま》が、日本《にほん》へ皆渡《みなわた》りて来《き》て居《お》るから、日本《にほん》もがいこくの身魂《みたま》に化《な》りて、日本《にほん》の身魂《みたま》が薬《くすり》に致《いた》す程《ほど》より無《な》いのであるから、利己主義《われよし》の行《や》り方《かた》で、モ一《ひと》つ悪《あく》を強《つよ》くして、日本《にほん》の国《くに》を平《たい》らげて、世界中《せかいじゅう》をがいこくの世界《せかい》に致《いた》して、王《おう》の王《おう》になりて、末代続《まつだいつづ》かせる仕組《しぐみ》をして居《お》るのであるから、日本《にほん》の国《くに》は、男《おとこ》も女《おんな》も誠一《まことひと》つの日本魂《やまとだましい》の性来《しょうらい》に成《な》りて了《しも》うて、女《おんな》の一心巌《いっしんいわ》でも突《つ》き貫《ぬ》く精神《せいしん》で無《な》いと、今《こん》度《ど》の二度目《にどめ》の世《よ》の立替《たてか》えの間《ま》には合《あ》わんぞよ。

日本《にほん》の国《くに》の人民《じんみん》も外国《がいこく》の人民《じんみん》も、今《いま》まで思《おも》うて居《お》りた事《こと》とは、エライ大《おお》きな間違《まちが》いが出来《でき》るが、同《おな》じ如《よ》うな事《こと》に、細々《こまごま》と抜目《ぬけめ》の無《な》い様《よう》に、取《と》り違《ちが》いの無《な》いように、変性男子《へんじょうなんし》の手《て》で、大国常立尊《おおくにとこたちのみこと》が言葉《ことば》と手《て》とで知《し》らしてある事《こと》は、一《ひと》つも違《ちが》わず、皆《みな》実現来《でてく》るぞよ。

末代《まつだい》に一度《いちど》より為《し》られん大望《たいもう》な世《よ》の立替《たてか》えであるから、中々《なかなか》骨《ほね》の折《お》れる事《こと》であれども、神《かみ》が蔭《かげ》から経綸致《しぐみいた》してありての事《こと》で在《あ》るから、モウ大丈夫《だいじょうぶ》であるぞよ。

永《なが》らく知《し》らした事《こと》を、今《いま》に成《な》って居《お》りても誠《まこと》に致《いた》さず、疑《うたご》うて、取《と》り違《ちが》いを為《し》て置《お》いて、悪《わる》い鏡《かがみ》に成《な》りても、何処《どこ》を恨《うら》める所《とこ》は無《な》いぞよ。

外《ほか》では判《わか》らん事《こと》の、誰《だれ》も出来《でき》ん事《こと》で在《あ》るから、是《これ》だけ執念申《くどうもう》して知《し》らして居《お》るのであるが、今《いま》の学《がく》で出来《でき》る機械《きかい》が動《うご》く悪《あく》の力《ちから》で、九分九厘《くぶくりん》までは行《や》れるなれど、モ一厘《いちりん》と云《い》う処《とこ》になりたら、手《て》の掌《ひら》が覆《かえ》るぞよ。

何《ど》うにも斯《こ》うにも仕様《しよう》の無《な》い、悪《わる》しぶとい悪力《わるぢから》なら何程《なにほど》でも出《だ》すなれど、日本《にほん》の国《くに》の昔《むかし》からの秘密《ひみつ》の神力《しんりき》を現《あら》わして、天地《てんち》の先祖《せんぞ》の経綸《しぐみ》どおりに致《いた》して了《しま》わねば、外《ほか》の身魂《みたま》の手《て》には合《あ》わんから、今度《こんど》は神力《しんりき》で薩張《さつぱ》り平《たい》らげて了《しま》うぞよ。

そうなりた折《おり》には、艮《うしとら》の金神《こんじん》は善《ぜん》の神《かみ》じゃと申《もう》して居《お》れど、矢張《やは》り悪神《わるがみ》であると未《ま》だ人民《じんみん》は申《もう》すで在《あ》ろうなれど、誠《まこと》の善《ぜん》という道《みち》は、表面《うえ》から見《み》ては未《ま》だ悪《あく》に見《み》えるから、取《と》り違《ちが》いを致《いた》さぬ様《よう》に、身魂《みたま》を一時《いつとき》も早《はや》く研《みが》くが結構《けつこう》であるぞよ。

人民《じんみん》の眼《め》に判《わか》らん誠《まこと》の善《ぜん》でないと、是《これ》だけに曇《くも》りた世《せ》界《かい》を善一《ぜんひと》つの道《みち》に立替《たてか》える事《こと》は、悪《あく》では能《よ》う致《いた》さんぞよ。

誠《まこと》の善《ぜん》は、一旦《いったん》は悪《あく》に見《み》えるぞよと筆先《ふでさき》で毎度《まいど》知《し》らして在《あ》るから、一度《いちど》知《し》らした事《こと》は皆出《みなで》て来《く》るぞよ。一通《ひととお》りや二通《ふたとお》りの事《こと》では無《な》いぞよ。今《いま》の日本《にほん》の人民《じんみん》は男《おとこ》も女《おんな》も、がいこくの教《おし》えの方《ほう》が良《よ》いと申《もう》して、がいこく魂《だましい》になりて居《お》るから、一番《いちばん》に取《と》り損《ぞこ》ないを致《いた》して今《いま》の体裁《ていさい》、取《と》り返《かえ》しの成《な》らん事《こと》が出来《でき》て、日本《にほん》の今《いま》の国会《こっかい》、何《ど》う仕様《しよう》にも、今《いま》の処《とこ》では取《と》り戻《もど》しの成《な》らん事《こと》であるぞよ。

日本《にほん》の霊主体従《ひのもと》の身魂《みたま》と、がいこくの体主霊従《から》の身魂《みたま》との性来《しょうらい》と云《い》うものが、能《よ》く見《み》えるのが、是《これ》が時節《じせつ》で在《あ》るなれど、大《おお》きな取《と》り違《ちが》いを致《いた》したもので在《あ》るぞよ。

小《ち》さい間違《まちが》いで無《な》いと云《い》う事《こと》が、毎度《まいど》申《もう》して在《あ》ろうがな。モウ取《と》り返《かえ》しの出来《でき》ん事《こと》であるぞよ。

向《むこ》うの国《くに》の身魂《みたま》は、悪《わる》い事《こと》ならドンナ事《こと》でも致《いた》す、エライもので在《あ》るぞよ。向《むこ》うの国《くに》と和合《わごう》いたしたら、末代嬉《まつだいうれ》しいと云《い》うような事《こと》は一日《いちにち》も無《な》しに、乱世斗《らんせいばか》りが続《つづ》くぞよ。

悪《あく》の精神斗《せいしんばか》りで、善《ぜん》と云《い》う性来《しょうらい》がチットも無《な》いから、向《むこ》うの国《くに》の仕組《しぐみ》では、ヤレうれしいと申《もう》して人民《じんみん》の気《き》の休《やす》まると云《い》う事《こと》の無《な》い、何時《いつ》になりても利己主義《われよし》の、人《ひと》は倒《こ》けようが仆《たお》れようが、起《お》こしてやると云《い》う様《よう》な優《やさ》しい身魂《みたま》は、何時《いつ》になりても在《あ》りはせんから、全部《すつくり》と極悪《ごくあく》の身魂《みたま》の性来《しようらい》を直《なお》すのには、言《い》い聞《き》かした位《ぐらい》に聞《き》くような素直《すなお》な身魂《みたま》は有《あ》りはせんから、帰幽《でなおし》をさして、充分《じゆうぶん》の行《ぎよう》を命《さ》せて、新《さら》つに致《いた》さん事《こと》には、エグイ性来《しようらい》の悪《あく》のカンカンであるから、そう致《いた》すより道《みち》は無《な》いぞよ。

今度《こんど》の世《よ》を立直《たてなお》したら、途中《とちゆう》で又変《またか》えるという様《よう》なヤニコイ経綸《しぐみ》で無《な》いから、今《いま》助《たす》けるだけは助《たす》けて遣《や》らねば成《な》らぬから、シカリたりタラシたり、何時《いつ》まで掛《か》りて居《お》りたとて、到底今《とうていいま》の人民《じんみん》の耳《みみ》へは這入《はい》らんから、気《き》の毒《どく》でも神《かみ》も助《たす》け様《よう》が無《な》いぞよ。

日本《にほん》の身魂《みたま》が上《うえ》から下《した》まで、がいこくの悪《あく》の身魂《みたま》に、団子《だんご》廻《まわ》す如《ごと》くに為《し》られて了《しも》うて、一寸《ちょつと》も先《さき》の見《み》えん所《とこ》まで曇《くも》らせられて居《お》るが、ヨウも爰《ここ》までに為《し》られたものじゃ。

が、無理《むり》は無《な》い。艮《うしとら》の金神《こんじん》を艮《うしとら》へ押《お》し籠《こ》める下地《したじ》を拵《こしら》えた、悪賢《わるがしこ》い守護神《しゅごじん》であるから、体《あ》主霊従《く》の道《みち》ならドンナ事《こと》でも致《いた》すなれど、至仁至愛神《みろくさま》と地《ち》の先祖《せんぞ》とが、天晴表面《あつぱれおもて》に顕《あら》われたら、ドンナ極悪《ごくあく》でも、火《ひ》に水《みず》を掛《か》ける如《ごと》く、蛭《ひる》に塩《しお》を振《ふ》りた如《ごと》くであるから、爰《ここ》までは自由自在《すきなよう》に、我《われ》ほどのエライものは無《な》いように思《おも》うて、世《よ》の本《もと》を創造《こしらえ》た天地《てんち》の先祖《せんぞ》を下《した》へ見降《みお》ろして、王《おう》は十善《じゅうぜん》、神《かみ》は九善《くぜん》と致《いた》して、日本《にほん》の〇〇〇〇一段下《いちだんした》に見《み》て、大神《おおかみ》を斯《こ》の世《よ》において遣《や》ると申《もう》して、人民《じんみん》の〇より一段下《いちだんした》へおろして、がいこくじんを上《うえ》へ上《あ》げて敬《うやも》うて、がいこくほど結構《けっこう》な国《くに》は無《な》いように思《おも》うて、大《おお》きな取《と》り違《ちが》いを致《いた》して居《お》りたが今《いま》の様《ざま》、この先《さき》は、日本《にほん》の霊主体従国《ひのもとこ》を斯《こ》んな見苦《みぐる》しき事《こと》に致《いた》して、天地《てんち》の大神《おおかみ》をドゥ致《いた》すのか、ドウ云《い》う事《こと》に仕組《しぐ》みて居《お》るか。

日本《にほん》の国《くに》は何国《どこ》へも与《や》る事《こと》はならんぞよ。日本《にほん》の国《くに》は、一《いち》と申《もう》して二《に》の無《な》い大事《だいじ》の神国《しんこく》であるから、がいこくへ与《や》る事《こと》は致《いた》さんぞよ。

今《いま》の日本《にほん》の人民《じんみん》は、男子《おとこ》も女子《おんな》も皆《みな》、がいこくの方《ほう》が良《よ》く見《み》えるから、がいこくの真似《まね》ばかりを致《いた》して、開《ひら》けた人間《にんげん》の様《よう》に有頂天《うちょうてん》になって迷《まよ》うて居《お》るが、がいこくの仕組《しぐ》みて居《お》る悪《わる》い巧《たく》みは解《わか》ろまい。

薩張《さつぱ》りちくしょうの国《くに》の性来《しょうらい》に移《うつ》りて了《しも》うて、此《こ》の先《さき》はドウ致《いた》す積《つも》りである乎《か》。

自由自在《じゆうじざい》に、好《す》き寸法《すっぽう》に為《さ》れて居《お》る事《こと》が気《き》が付《つ》いて居《お》るか。

また斯《こ》の世《よ》の本《もと》は、ドウして出来《でき》たと云《い》う思遣《おもいやり》のある守護《しゅご》神《じん》は在《あ》るまいがな。ドウ云《い》う事《こと》で、斯《こ》の世《よ》が爰《ここ》まで立《た》ちて来《き》たと云《い》う事《こと》の解《わか》るものは、守護《しゅご》神《じん》にも人民《じんみん》にも有《あ》りは致《いた》すまいがな。

実地《じっち》の斯《こ》の世《よ》の本《もと》の神《かみ》を下《した》に致《いた》して居《お》りて、ドウして斯《こ》の世《よ》が立《た》って行《い》くと思《おも》うか。大間違《おおまちが》いも程《ほど》があるぞよ。がいこくの悪《あく》の頭《かしら》の身魂《みたま》が、此《こ》の乱《みだ》れた悪《あく》の行《や》り方《かた》で、モ一段上《いちだんうえ》へ上《あ》がる仕組《しぐみ》をして居《お》るが、日本《にほん》の○に解《わか》りて居《お》るか、中々《なかなか》に解《わか》りは致《いた》すまい。

○と成《な》ると、眼《め》で見《み》ずとも、心《こころ》で何彼《なにか》の事《こと》が見《み》え透《す》いて居《お》らぬと、是迄《これまで》のような事《こと》では、○○立《た》つ人《ひと》が番頭《ばんとう》に自由《じゆう》に仕《し》られるような事《こと》では、何時《いつ》までも治《おさ》まらんから、此《こ》の先《さき》は、薩張《さつぱ》り今迄《いままで》のやり方《かた》を替《か》えて了《しま》うぞよ。

○○が今迄《いままで》のような嬢《じょう》や坊《ぼう》では行《い》かんから、行《や》り方《かた》、法律《ほうりつ》を全然《さつぱり》変《か》えて了《しま》うぞよ。

○○が嬢《じょう》や坊《ぼう》では、斯《こ》う云《い》う世《よ》になりたら、ドウ仕様《しよう》にも方法《ほうほう》が無《な》い事《こと》に成《な》りて来《く》るのは、世《よ》の元《もと》から見《み》え透《す》いて居《お》るから、日本《にほん》の霊主国《ひのもと》には、誰《たれ》にも出来《でき》ぬ一寸《ちょつと》の神秘《ひみつ》が致《いた》して在《あ》るから、神界《しんかい》の秘密通《ひみつどお》りに致《いた》して埒良《らちよ》くいたさんと、斯《こ》んな約《つま》らん事《こと》は無《な》いぞよ。

向《むこ》うの国《くに》の仕組《しぐみ》は能《よ》く解《わか》りて居《お》るなれど、解《わか》るべき所《とこ》へ解《わか》らんので、神《かみ》も助《たす》けようが無《な》いぞよ。

向《むこ》うの国《くに》の守護神《しゅごじん》に、ザラザラと永《なご》う引《ひ》っ張《ぱ》りて、良《よ》い玩弄物《もちやそび》に為《し》られた上《うえ》に、モ一《ひと》つエライ仕組《しぐみ》をいたして居《お》るぞよ。

是迄《これまで》の世《よ》は、肝腎《かんじん》の大地《おっち》の上《うえ》の先祖《せんぞ》を無《な》い神《かみ》として居《お》りて、日本《にほん》の人民《じんみん》は、今《いま》では向《むこ》うの国《くに》の悪神《わるがみ》の自由《じゆう》に、ドナイでもなるから、モ一《ひと》つ十分《じゆうぶん》に玩弄《おもちや》にいたして置《お》いて、モ一《ひと》つ上《うえ》へ上《あ》がりて、王《おう》の王《おう》になる経綸《しぐみ》を致《いた》して居《お》るぞよ。人《ひと》は何《ど》うでも、我《われ》さえ良《よ》けりゃ良《よ》いと云《い》うような極悪《ごくあく》の経綸《しぐみ》は、厭《いや》らしい仕組《しぐみ》をして居《お》るぞよ。

向《むこ》うの国《くに》の性来《しようらい》は、言《い》い聞《き》かして聞《き》くような優《やさ》しい身魂《みたま》は無《な》いから、〇〇〇〇茲《ここ》へ成《な》りて来《く》る事《こと》は、世《よ》の本《もと》から能《よ》く解《わか》りて居《お》るから、日本《にほん》の国《くに》には昔《むかし》から、天地《てんち》の先祖《せんぞ》が深《ふか》い経綸《しぐみ》を致《いた》して在《あ》るから、何事《なにごと》も今度《こんど》は実現《あらわれ》て来《く》るぞよ。

今《いま》に成《な》りてから経綸《しぐみ》を変《か》えると云《い》う事《こと》はならん、大本《おほもと》の経綸通《しぐみどお》りに、何事《なにごと》も一度《いちど》に出《で》て来《く》るぞよ。

今度《こんど》の洗《あら》い替《か》えは、三千世界《さんぜんせかい》の大洗濯《おおせんたく》であるから、何程《なにほど》かいてありても、書《か》いて在《あ》るだけの事《こと》は致《いた》して了《しま》わねば、天地《てんち》から何事《なにごと》も無《な》しに済《す》ますと云《い》うことは、今《こん》度《ど》は借銭済《しゃくせんな》しをせずに堪忍事《こらえること》は出来《でき》んから、明治《めいじ》二十五年《ねん》から同《おな》じ如《よ》うな事《こと》を、能《よ》く人民守護神《じんみんしゅごじん》に解《わか》るように書《か》いて、気《き》が付《つ》けてあるぞよ。一度《いちど》申《もう》した事《こと》は違《ちが》わん筆先《ふでさき》であるから、途中《とちゅう》に変《か》わりは致《いた》さんぞよ。

何事《なにごと》も昔《むかし》から、霊魂《みたま》の所作柄《しょさがら》を一々帳面《いちいちちょうめん》に付《つ》け留《と》めてある同様《どうよう》であるから、借銭《しゃくせん》を済《な》して了《しま》わんと、赦《ゆる》して遣《や》ると云《い》う事《こと》は出来《でき》んので在《あ》るから、此《こ》の世《よ》のエンマと申《もう》す活神《いきがみ》であるから、血筋《ちすじ》引方《ひっぽう》は尙酷《なおひど》いぞよ。厭《いや》な事《こと》は引方《ひっぽう》にさせて在《あ》るぞよ。何事《なにごと》も大本《おほもと》の変性男子《へんじょうなんし》の筆先《ふでさき》で、天地《てんち》の大神《おおかみ》が、時節時節《じせつじせつ》の事《こと》を、先《さき》に書《か》かして置《お》きなさると、其《そ》の通《とお》りが来《く》るのであるから、善《よ》き事《こと》も悪《わる》き事《こと》も皆出《みなで》て来《く》るから、其《そ》の覚悟《かくご》を致《いた》さねば成《な》らぬぞよ。

から。から。昔攻《むかしせ》めて来《き》た折《おり》には、夫《そ》れでも見《み》せしめの為《ため》に三人《さんにん》だけは還《かえ》してやりたなれど、今度《こんど》がいこくが同腹《ひとはら》になりて攻《せ》めて来《き》た折《おり》には、只《ただ》の一人《ひとり》も還《かえ》してはやらんぞよ。日本《にほん》へがいこくの兵隊《へいたい》を一旦皆引《いったんみなひ》き寄《よ》して、其《そ》の後《あと》で地震《じしん》、雷《かみなり》、火《ひ》の雨降《あめふ》らして、がいこくを往生《おうじょう》いたさす経綸《しぐみ》であるぞよ。

日本《にほん》も霊魂《みたま》の悪《わる》い、人気《にんき》の良《よ》くない所《とこ》には、何《なに》が在《あ》るとも判《わか》らんから、神《かみ》の申《もう》す中《うち》に一時《いちじ》も早《はや》く改心《かいしん》を致《いた》さんと、取《と》り返《かえ》しのならん事《こと》が出来《しゅったい》いたして、ジリジリ舞《ま》いを致《いた》さな成《な》らんと申《もう》して、二十七年《にじゅうしちねん》の間知《あいだし》らして在《あ》りたが、其《そ》の知《し》らした実《じつ》地《ち》が出《で》て来《く》るのが近寄《ちかよ》りて来《き》たぞよ。

大正七年旧正月十二日

至仁至愛神《みろくさま》の御出《おで》ましに成《な》る時節《じせつ》が参《まい》りたぞよ。天《てん》ではミロク様《さま》なり、地《ち》の世界《せかい》は大国常立尊《おおくにとこたちのみこと》が守護《かまわ》ねば、立《た》ちては行《い》かぬ斯《こ》の世《よ》であるぞよ。

根本《もと》の天《てん》の御《ご》先祖様《せんぞさま》を口《くち》で崇《あが》めて、心《こころ》の中《なか》では、斯《こ》の世《よ》に無《な》くても良《よ》いと云《い》うように成《な》りて了《しも》うて居《お》りた故《ゆえ》に、地《ち》の先祖《せんぞ》を押《お》し込《こ》めねばならぬように成《な》りたのであるぞよ。

地《ち》の先祖《せんぞ》の大国常立尊《おおくにとこたちのみこと》は、神力《しんりき》が有《あ》り過《す》ぎて、邪神《あくがみ》の手《て》には合《あ》わんから、邪神《あくがみ》の精神《せいしん》が皆一致《みないっち》して、瑞霊大神《みろくさま》への御願《おねが》いを致《いた》して、此《こ》の方《ほう》を艮《うしとら》へ押《お》し込《こ》みて、サア是《これ》で安心《らく》じゃと申《もう》して、皆《みな》の悪神《あくがみ》が喜《よろこ》びて、斯《こ》の世《よ》を自由《じゆう》に致《いた》して、茲《ここ》までに乱《みだ》したのであるぞよ。

筆先《ふでさき》に書《か》いては速《はや》いようなれど、永《なが》い間《あいだ》の事実《こと》であるぞよ。概略《あらまし》の事《こと》は初発《しょっぱつ》に書《か》かして在《あ》るなれど、一度《いちど》には書《か》けんから、間々《あいだあいだ》に細々《こまごま》の事《こと》を書《か》かせると申《もう》して知《し》らし在《あ》りたぞよ。

ドノ筆先《ふでさき》も同《おな》じことじゃと申《もう》して、可《よ》い加減《かげん》な見様《みよう》をして居《お》ると、実地《じっち》の筆先通《ふでさきどお》りが来《き》た折《おり》には、余《あま》りに思《おも》うて居《お》りた事《こと》が大《おお》きな取《と》り違《ちが》いで、ジリジリ舞《ま》いを致《いた》さな成《な》らん事《こと》が出《で》て来《く》るから、念《ねん》に念《ねん》を押《お》して、執念深《くど》く知《し》らして在《あ》るのじゃぞよ。未《ま》だ筆先《ふでさき》の読《よ》み様《よう》が足《た》らん人勝《ひとが》ちであるぞよ。

思《おも》うて居《お》るとは大間違《おおまちが》いであるから、夫《そ》れで筆先《ふでさき》を、充分《じゅうぶん》に繰《く》り返《かえ》して読《み》て下《くだ》されと申《もう》して、気《き》が付《つ》けてあるのじゃぞよ。

悪《あく》の頭《かしら》が、余《あま》り大《おお》きな取《と》り違《ちが》いを致《いた》して居《お》りたから、世界中《せかいじゅう》の大《おお》きな難渋《なんじゅう》であるぞよ。今《いま》からの改心《かいしん》は出来《でき》もせず、間《ま》にも合《あ》わんぞよ。筆先《ふでさき》の実地《じっち》が出《で》て来《き》だしたら、続《つづ》いて世界《せかい》が一度《いちど》に破乱《ばら》けて、余《あま》りの事《こと》で、鬼《おに》でも蛇《じゃ》でも極悪神《ごくあくがみ》でも叶《かな》わん、往生《おうじょう》いたさな成《な》らん事《こと》に成《な》るぞよ。

悪神《わるがみ》に、今《いま》の中《うち》に此《こ》の次第《ことと》が判《わか》りて来《き》て、善道《ぜんどう》へ立《た》ち帰《かえ》りたら豪《えら》いなれど、向《むこ》うの国《くに》の守護神《しゅごじん》の仕組《しぐみ》は、ダラダラと何時《いつ》まで掛《か》かりても頓着《とんちゃく》は致《いた》さん、気《き》の永《なが》い仕組《しぐみ》を致《いた》して居《お》るから、今度《こんど》は大分慮見《だいぶりょうけん》の違《ちが》う守護神《しゅごじん》が出来《でき》るなれど、日本《にほん》の経《し》

綸《ぐみ》は、迅速《いっさく》な経綸《しぐみ》が致《いた》して在《あ》るから、何程向《なにほどむこ》うの極悪神《ごくあくがみ》でも、日本《にほん》の世《よ》の元《もと》から
の仕組《しぐみ》を始《はじ》めたら、兎《と》ても叶《かな》わんぞよ。
余《あま》り見損《みぞこ》ないが大《おお》きなから、大間違《おおまちが》いが出来《でき》てきて、見当《けんとう》が取《と》れず、何《ど》うしたら
良《よ》かろうかと途方《とほう》に暮《く》れて、降参《こうさん》も出来《でき》ず、茲《ここ》に成《な》りてからドレ丈《だけ》の御詫《おわ》びを申《もう》
して来《き》ても、世界《せかい》の大峠《おおとうげ》となりたら、そんな事《こと》には掛《か》かりては居《お》れんから、今《いま》の
内《うち》に聞《き》いて、改心《かいしん》を致《いた》して、身魂《みたま》を研《みが》いて居《お》らんと、今度《こんど》は彼我《どちら》の国《くに》も、国《くに》が無《な》
くなるか、一《ひと》つ二《ふた》つの大峠《おおとうげ》であるぞよ。
是《これ》からは国《くに》が無《な》くなる乎《か》、泥海《どろうみ》になる乎《か》の境目《さかいめ》であるから、〇〇の身《み》魂《たま》が水晶《すいしょう》に

なりたら、末代《まつだい》の世《よ》が立《た》ちて行《い》くなり、今《いま》の儘《へん》で、今《いま》の心《こころ》で在《あ》りたなら、向《むこ》うの国《くに》の悪神《わるがみ》の頭《かしら》が、モ一《ひと》つ悪《あく》を強《つよ》く致《いた》して、日本《にほん》の国《くに》を奪略《とる》のは最容易《いとやすい》ことに思《おも》うて居《お》るぞよ。

日本《にほん》の国《くに》は小《ちい》さいから、人民《じんみん》も尠《すく》ないのは当然《あたりまえ》であれども、霊主体従《ひのもと》国には、誰《たれ》も能《よ》う為《せ》ん秘密《ひみつ》の経綸《しぐみ》が神界《しんかい》から致《いた》してあるから、往生《おうじょう》を致《いた》させて、万古末代《まんごまつだい》刃《は》向《むか》いは出来《でき》んように致《いた》すぞよ。

今向《いまむこ》うの国《くに》の悪《あく》の頭《かしら》は、日本《にほん》の国《くに》を下《した》に見降《みお》ろして居《お》るから、九分九厘《くぶくりん》と一厘《いちりん》とで、斯《こ》の世《よ》が泥海《どろうみ》に成《な》る所《とこ》を、一厘《いちりん》の秘密《ひみつ》で、あとは水晶《すいしょう》の身魂《みたま》斗《ばか》りに致《いた》して、末代《まつだい》の世《よ》を続《つづ》かす経綸《しぐみ》が致《いた》してあるから、悪《あく》の方《ほう》の身魂《みたま》では、日本《にほん》の神国《しんこく》の経綸《しぐみ》は見当《けんとう》は取《と》れんぞよ。

悪《あく》の開《ひら》けるのは速《はや》いなれど、善《ぜん》と云《い》う御道《おんみち》を開《ひら》くのは、中々一通《なかなかひととお》りの事《こと》を為《し》て居《お》りては開《ひら》けんぞよ。ドンナ行《ぎょう》も、斯《こ》の世《よ》一切《いっさい》の事《こと》は何《なに》を問《と》われても、是一色知《これいっしきし》らんという事《こと》は無《な》いように、行《ぎょう》を致《いた》さねば、これだけは知《し》らんと云《い》う様《よう》な事《こと》では、善《ぜん》の御道《おんみち》は開《ひら》けんぞよ。

善《ぜん》の道《みち》を開《ひら》くのは、陽気心《ようきごころ》が一寸《ちょつと》でも有《あ》るような事《こと》をして居《お》りたら、坂《さか》に車《くるま》を廻《まわ》す如《ごと》くであるぞよ。是《これ》までに苦労《くろう》を致《いた》した事《こと》が、直《す》ぐに後《あと》へ戻《もど》りて、仕直《しなお》し斗《ばか》りで、誠《まこと》の事《こと》は出来《でき》は致《いた》さんぞよ。善《ぜん》と悪《あく》との行《や》り方《かた》は、天地《てんち》の大違《おおちが》いであるから、夜《よ》の眼《め》も気楽《きらく》に寝《ね》る事《こと》もならん、辛《つら》い行《や》り方《かた》であるぞよ。善《ぜん》と悪《あく》との立《た》て分《わ》けで、世界《せかい》が動《うご》くぞよと申《もう》して、筆先《ふでさき》で毎度《まいど》知《し》らしてあるなれど、人民《じんみん》と申《もう》すものは、何事《なにごと》も実地《じっち》をして見《み》せんと、ソレソレと申《もう》して知《し》らしても、人民《じんみん》では神《かみ》の心《こころ》が汲《く》み取《と》れんから、思《おも》う事《こと》が逆様《さかさま》ばかりで、六《むつ》カ敷《し》いのであるぞよ。

今《いま》の守護神《しゅごじん》が余《あま》り粗末《そまつ》な身魂《みたま》であるから、実地《じっち》の生神《いきがみ》の気《き》に入《い》りそうな事《こと》が無《な》いのは当然《あたりまえ》、解《わか》りそうな事《こと》が無《な》いから、素直《すなお》に致《いた》すが一等《いっとう》であるぞよ。

この曇《くも》り切《き》りた世《よ》の中《なか》へ、実地《じっち》の世《よ》の本《もと》の大神《おおかみ》が、其《そ》の儘《まま》の姿《すがた》を顕《あら》わして言《い》い聞《き》かしたとて、恐《こわ》いばかりで傍《そば》へも寄《よ》り付《つ》く事《こと》が出来《でき》んから、何《いず》れは、矢張《やは》り天地《てんち》の大神《おおかみ》と申《もう》して居《お》りても悪神《わるがみ》に相違《そうい》ないと、未《ま》だ申《もう》すのは当《あ》たり前《まえ》であるぞよ。人民《じんみん》にそんな事《こと》が判《わか》る筈《はず》が無《な》いのが道理《どうり》、一旦帰幽《いったんでなおし》にさして、霊魂斗《みたまばか》りに致《いた》して、新《さら》つの世《よ》に致《いた》さねば、言《い》い聞《き》かして聞《き》くような身魂《みたま》は、向《むこ》うの国《くに》にはチットも有《あ》りはせんから、初発《しよっぱつ》から違《ちご》うた事《こと》は今《いま》に一《ひと》つも無《な》いぞよ。違《ちが》いは致《いた》さんぞよ。其《そ》の霊魂《みたま》に、日本《にほん》の国《くに》の霊魂《みたま》が憑《うつ》りて、向《むこ》うの国《くに》を良《よ》いと思《おも》うて居《お》るのが、何《なに》に付《つ》けても大間違《おおまちが》いであるぞよ。何《なに》から何《なに》まで、向《むこ》うの国《くに》の為《す》る事《こと》が良《よ》いと思《おも》うて居《お》る事《こと》が、真《まこと》の元《もと》の大神《おおかみ》から見《み》ると、眼《め》を明《あ》けて見《み》る事《こと》の出来《でき》んほど、見苦《みぐる》しき有様《ありさま》であるぞよ。

天地《てんち》の違《ちが》いと云《い》う事《こと》は、譬《たと》えに申《もう》すなれど、譬《たと》えよりは一層《いっそう》ヒドイ大間違《おおまちが》いの行《や》り方《かた》で、たとえにも成《な》らん如《よ》うな取《と》り違《ちが》いを致《いた》して居《お》るから、世界《せかい》には斯様《かよう》な難渋《なんじゅう》な事《こと》が出来《でき》て来《く》るのであるぞよ。実地《じっち》の大本《おほもと》を、無《な》いものに致《いた》して居《お》るのが、何《ど》うしても今度《こんど》は言《い》い訳《わけ》は出来《でき》よまい。

この先《さき》は一日《いちにち》ましに、何事《なにごと》も世《よ》の本《もと》からの事柄《ことがら》や所作柄《しょさがら》が、別《べっ》に此《こ》の方《ほう》から顕《あら》わせずに堪忍《こらえ》て遣《や》ろうと思《おも》う程《ほど》、我《われ》の為《す》る事《こと》を我《われ》の口《くち》から、ざんげを晒《さら》して、各自《めいめい》に神《かみ》からは何《なに》も問《と》わいでも、我《われ》の口《くち》から吐《は》き出《だ》して了《しも》うて、斯《こ》の世《よ》で大《おお》きな取《と》り違《ちが》いをして居《お》りたと云《い》う事《こと》が、発根《はっこん》と天地《てんち》から判《わか》りて来《き》て、抜《ぬ》き差《さ》しの出来《でき》ん事《こと》になるぞよ。

是迄《これまで》の世《よ》は、真暗黒《まつくらがり》の世《よ》でありたから、何《なに》も分《わ》からん向《むこ》うの守護神《しゅごじん》が、コンナ良《よ》い世《よ》が有《あ》るものかと申《もう》して、何《なに》も知《し》らずに慢心《まんしん》を致《いた》して、日本《にほん》へ来《こ》られなんだ悪《あく》の守護神《しゅごじん》やらが、好《す》き寸法《すっぽう》の行《や》り方《かた》を致《いた》して、日本《にほん》の国《くに》をちくしょうの国《くに》にして了《しも》うた、その暗《くら》がりの中《なか》に出来《でき》た世《よ》に成《な》りて、世界中《せかいじゅう》が何《ど》う仕様《しよう》も無《な》い事《こと》に成《な》るから…………。

爰《ここ》へ成《な》りて来《き》た折《おり》には、天地《てんち》から、斯《こ》んな身魂《みたま》では斯《こ》の世《よ》に居《お》れん事《こと》が出来《でき》てくるから、是《これ》までの心《こころ》を持《も》ち替《か》えて、身魂《みたま》を研《みが》いて居《お》らんと、世界一度《せかいいちど》に難渋《なんじゅう》な事《こと》になるから、二十七年《にじゅうしちねん》の間《あいだ》引《ひ》き続《つづ》いて知《し》らして居《お》るなれど、まだそんな事《こと》があるものかと、足元《あしもと》へ火《ひ》が燃《も》えて来《き》て居《お》るのに、悪度胸《わるどきょう》を据《す》えて、世界《せかい》が潰《つぶ》れたら皆《みん》な並《なみ》であると申《もう》して、平気《へいき》で今《いま》に居《お》る如《よ》うな守護神《しゅごじん》に使《つか》われて居《い》る人民《じんみん》が、ドウ仕様《しよう》も無《な》い事《こと》が何《いず》れは出《で》て来《く》るから、素直《すなお》に申《もう》す事《こと》を聞《き》いて居《お》る守護神《しゅごじん》に使《つか》われて居《い》る肉体《にくたい》は、ドエライ難渋《なんじゅう》は致《いた》すまいなれど、余《あま》り良《よ》い気《き》で居《お》る肉体《にくたい》は、思《おも》いが違《ちが》う事《こと》になりて来《く》るぞよ。

是《これ》からは、霊魂《みたま》の善悪《よしあし》が全部別《すっくりわか》るから、明治《めいじ》二十五年《ねん》から申《もう》してある事《こと》の時節《じせつ》が参《まい》りて来《き》たから、何所《どこ》から何事《なにごと》が始《はじ》まるやら知《し》れんぞよと申《もう》してあるように、何《なに》彼《か》のことが、世界中《せかいじゅう》の大困難《だいこんなん》で、昔《むかし》から末代《まつだい》に一度《いちど》ほか無《な》い、大望《たいもう》な二度目《にどめ》の世《よ》の立替《たてか》えであるから、人民《じんみん》の思《おも》うよりも大望《たいもう》であるから、始《はじ》まると何《ど》う仕様《しよう》も無《な》い事《こと》が出来《でき》て、何処《どこ》へ逃《に》げて行《い》こうにも、行《い》く処《とこ》の無《な》い様《よう》になるから………。

日本《にほん》の人民《じんみん》が、向《む》うの国《くに》の性来《しょうらい》になりて居《お》るから、平気《へいき》で、今《いま》に成《な》っても判《わか》らん守護神《しゅごじん》に使《つか》われて居《お》るような肉体《にくたい》は、日本《にほん》に事《こと》がありたら外国《がいこく》へ逃《に》げて行《い》く位《くらい》に思《おも》うて、国《くに》の事《こと》ども何《なん》とも思《おも》わずに、気楽《きらく》に思《おも》うて居《お》るで在《あ》ろうがな。外国《がいこく》は夫《そ》れまでに、まだまだ激《ひど》い事《こと》があるから、何処《どこ》へも逃《に》げて行《い》く所《とこ》は無《な》いぞよ。我《が》では行《い》けん時節《じせつ》が廻《まわ》りて来《き》たから、素直《すなお》に致《いた》そうより仕方《しかた》はないぞよ。此《こ》の先《さき》は、頑張《がんば》るほど、微躯《びく》りとも成《な》らんようになるぞよ。

我《が》を出《だ》して縮尻《しくじり》た地《ち》の先祖《せんぞ》が、爰《ここ》までに善一《ぜんひと》つを立《た》て貫《つらぬ》きて、今度《こんど》の二度目《にどめ》の世《よ》の立替《たてか》えを、首尾《しゆび》能《よ》く致《いた》した其《そ》の上《うえ》では、世界中《せかいじゆう》の生《いき》あるものは皆良《みなよ》くして遣《や》りたいと思《おも》うて、永《なが》らくの間《あいだ》、悔《くや》し残念《ざんねん》を堪忍《こばり》たなれど、がいこくは余《あま》り非道《ひど》い悪《あく》の頭《かしら》と眷属《けんぞく》とが、善《ぜん》という事《こと》の道《みち》の判《わか》らん極悪《ごくあく》であるから、埒良《らちよ》く致《いた》さねば成《な》らんから、一旦《いったん》は末《ま》だ、天地《てんち》の大神《おおかみ》は矢張《やはは》り悪神《わるがみ》であると、皆《みな》の者《もの》が申《もう》すなれど、実地《じっち》の善《ぜん》の身魂《みたま》は、斯《こ》の世《よ》の変《か》わり目《め》には極悪《ごくあく》のように見《み》えるぞよ。細工《さいく》は流々《りゅうりゅう》、仕上《しあ》げた所《とこ》を見《み》て貰《もら》わんと、人民《じんみん》からは出来《でき》もせず、解《わか》る事《こと》でも無《な》い。一厘《いちりん》の秘密《ひみつ》で、三千世界《さんぜんせかい》を、水晶《すいしょう》に立替《たてか》え立直《たてなお》すのであるぞよ。用意《ようい》を成《な》されよ。足元《あしもと》から鳥《とり》が立《た》つぞよ。時節《じせつ》が近《ちか》よりたぞよ。

三千世界一度《さんぜんせかいいちど》に開《ひら》く梅《うめ》の花《はな》、艮《うしとら》の根神《こんじん》の守護《しゅご》の世《よ》になりたぞよと、明治《めいじ》二十五年《ねん》から出口直《でぐちなお》の手《て》を借《か》り、口《くち》を借《か》りて知《し》らした事《こと》の実地《じっち》が、現《あら》われる時節《じせつ》が近寄《ちかよ》りて来《き》たぞよ。

今迄《いままで》の世《よ》は悪神《わるがみ》の覇張《はば》る世《よ》で、何事《なにごと》も好《す》き寸法《すっぽう》、利己主義《われよし》の行《や》り方《かた》で此《こ》の世《よ》を乱《みだ》して来《き》たが、モウ是《これ》からは、昔《むかし》の元《もと》の生神《いきがみ》が世《よ》に現《あら》われて、三千世界《さんぜんせかい》を守護《かまう》ように時節《じせつ》が参《まい》りたから、思《おも》いの違《ちが》う守護神《しゅごじん》、人民《じんみん》が大多数《たっぴつ》に出来《でき》て来《く》るぞよ。

今度《こんど》の二度目《にどめ》の世《よ》の立替《たてか》え、天《あま》の磐戸《いわと》開《びら》きは、悪《あく》の身魂《みたま》が毛筋《けすじ》の横巾《よこはば》でも混《ま》じりてありたら成就《じょうじゅ》いたさぬ、大望《たいもう》な末代《まつだい》に一度《いちど》より為《し》られん神界《しんかい》の経綸《しぐみ》であるから、茲《ここ》まで悪神《わるがみ》の覇張《はば》りた暗黒《くらがり》の世《よ》を、生粋《きっすい》の水晶《すいしょう》の如《よ》うな明《あき》らかな、何時《いつ》までも変《か》わらぬ神世《かみよ》に致《いた》さねば成《な》らぬから、神《かみ》も中々骨《なかなかほね》の折《お》れる事《こと》で在《あ》るぞよ。

昔《むかし》のミロク様《さま》の、純粋《きっすい》の何時《いつ》になりても変《か》わらぬ其《そ》の儘《まま》の秘密《ひみつ》の経綸《しぐみ》の凝結《かたまり》で、末代動《まつだいうご》かん巌《いわ》に松《まつ》の仕組《しぐみ》、何神《どのかみ》にも解《わか》らぬ様《よう》に為《し》てある善一《ぜんひと》つの誠《まこと》の道《みち》であるから、途中《とちゅう》に精神《こころ》の変《か》わるような身魂《みたま》では出来《でき》も致《いた》さず、判《わか》りも為《せ》ぬぞよ。此《こ》の世《よ》の元《もと》を創造《こしらえ》て、世界中《せかいじゅう》の一切《いっさい》の事《こと》、何一《なにひと》つ知《し》らんという事《こと》の無《な》い身魂《みたま》でないと、今度《こんど》の二度目《にどめ》の世《よ》の立替《たてか》えは、世界《せかい》を創建《こしらえ》るよりも、何程骨《どれほどほね》が折《お》れるか知《し》れんぞよ。

限《かぎ》り無《な》しの、潰《つぶ》されぬ末代《まつだい》の経綸《しぐみ》、世《よ》の立替《たてか》え立直《たてなお》しということは、爰《ここ》まで悪神《わるがみ》が覇張《はば》りて、モ一《ひと》つ日本《にほん》の国《くに》を奸賢《わるがしこ》う人民《じんみん》をいたして、未《ま》だ未《ま》だ悪神《わるがみ》の力《ちから》を強《つよ》くして、善《ぜん》の神《かみ》の道《みち》は立《た》てさせぬ如《よ》うに、悪神《わるがみ》の体主霊従主義《あくばかり》で貫《つらぬ》く仕組《しぐみ》を致《いた》して居《お》るから、日本《にほん》の人民《じんみん》は余程《よほど》魂《たま》を研《みが》いて、日本魂《やまとだましい》を元《もと》へ戻《もど》して光《ひか》りを出《だ》して置《お》かねば、万古末代《まんごまつだい》日本《にほん》は、がいこくの自由《じゆう》に為《し》られて了《しま》うぞよ。

昔《むかし》から露国《ろこく》へ上《あ》がりて居《お》りた悪神《わるがみ》の頭目《かしら》が、モ一《ひと》つ向《むこ》うの国《くに》(独逸《どいつ》)へ渡《わた》りて、人民《じんみん》の頭《かしら》を自由自在《じゆうじざい》に、我《われ》の思惑《おもわく》どおりに悪《あく》を働《はたら》き、世界中《せかいじゆう》の大困難《おおこんなん》を構《かま》わず、何処《どこ》までも暴《あ》れて暴《あ》れて暴《あ》れまわして、世界《せかい》を苦《くる》しめ、又露国《またろこく》を自由《じゆう》に致《いた》して我《われ》の手下《てした》に付《つ》けて、今《いま》に日本《にほん》へ攻《せ》めて来《く》る経綸《しぐみ》を致《いた》して居《お》るが、そんな事《こと》に微躯《びく》つく如《よ》うな日本《にほん》の守護神人民《しゆごじんじんみん》でありたら、日本《にほん》は到底続《とうていつづ》きは致《いた》さんぞよ。

是《これ》から神《かみ》が蔭《かげ》から手伝《てつど》うて、日本《にほん》の軍隊《いくさ》に神力《しんりき》を付《つ》けて与《や》るから、今度《こんど》は大丈夫《だいじようぶ》であれども、向《むこ》うの国同士《くにどうし》が、戦争《いくさ》は到底叶《とうていかな》わんと申《もう》して、可《よ》い加減《かげん》な事《こと》で仲直《なかなお》りを致《いた》して、一腹《ひとはら》に成《な》って、今度《こんど》は日本《にほん》へ押《お》し詰《つ》めて来《く》るから、日本《にほん》の守護神《しゅごじん》も人民《じんみん》も腹帯《はらおび》を占《し》めて掛《か》からな、万古末代取《まんごまつだいと》り返《かや》しの出来《でき》ん事《こと》になるぞよと申《もう》して、明治《めいじ》二十五年《ねん》から出口直《でぐちなお》の手《て》を籍《か》り、口《くち》を籍《か》りて知《し》らして置《お》いた事《こと》の実地《じっち》が迫《せま》りて来《き》たぞよ。

がいこくは悪《あく》が強《つよ》いから、ドコ迄《まで》も執念《しつこ》深う目的《もくてき》の立《た》つ迄行《までや》り通《とお》すなれど、九分《くぶ》九厘《くりん》と云《い》う処《とこ》まで来《き》た折《おり》に、三千年《さんぜんねん》の神《かみ》が経綸《しぐみ》の奥《おく》の手《て》を出《だ》して、がいこくを往《おう》生《じょう》いたさすので在《あ》るから、日本《にほん》は大丈夫《だいじょうぶ》であれども、めぐりの深《ふか》い処《ところ》には、めぐりの借銭済《しゃくせんな》しが在《あ》るから、今《いま》の中《うち》に改心《かいしん》をいたさんと、日本《にほん》にも酷《きび》しき懲罰《いましめ》が天《てん》地《ち》から在《あ》るぞよ。

霊主体従主義《ひのもと》の行《や》り方《かた》で末代《まつだい》の世《よ》が立《た》つか、体主霊従《から》の施政方針《やりかた》で世《よ》が末代続《まつだいつづ》く乎《か》、今度《こんど》は善《ぜん》と悪《あく》との力量比《ちからくら》べであるから、勝《か》ちた方《ほう》へ末代従《まつだいしたご》うて来《こ》ねばならんぞよ。それで神界《しんかい》は、茲《ここ》まで煉《ね》りに煉《ね》りたので在《あ》るぞよ。

この先《さき》は善一《ぜんひと》つの誠《まこと》の道《みち》を立《た》て貫《ぬ》かねば、斯《こ》の世《よ》に安住《おい》て貰《もら》えんように酷《きび》しく成《な》るから、爰《ここ》まで永《なが》らく言《い》い聞《き》かしたので在《あ》るぞよ。

善《ぜん》と悪《あく》との境界《さかえ》の大峠《おおとうげ》であるから、爰《ここ》まで十分《じゅうぶん》に煉《ね》らねば、悪《あく》の性来《しょうらい》には聞《き》けん

から、今《いま》の今《いま》まで煉《ね》りたのであるが、チットは腹《はら》へ浸《し》み切《き》りて居《お》る身魂《みたま》が在《あ》るで
あろう。

爰《ここ》までに言《い》い聞《き》かしても判《わか》らん如《よ》うな身魂《みたま》は、体能《ていよ》く覚悟《かくご》をいたさんと、是迄《これまで》の
ような心《こころ》で居《お》りたなら、又天地《またてんち》を汚《けが》して了《しま》うから、善《ぜん》へ心《しん》底から従《したが》う身魂《みたま》で無《な》い
と、今迄《いままで》の如《よ》うな心《こころ》の人民《じんみん》が在《あ》りたら総損害《そうぞこない》になりて、モ一《ひと》つ遅《おく》れるから、艮《うしとら》
の金神《こんじん》も助《たす》けて遣《や》る事《こと》も出来《でき》ず、天《てん》の御《ご》三体《さんたい》の大神様《おおかみさま》へ申《もう》し訳《わけ》の無《な》いような事《こと》に
成《な》りて来《く》るから、止《や》むを得《え》ず気《き》の毒《どく》でも、モウ経綸《しぐみ》どおりに致《いた》すぞよ。
世《よ》の立替《たてか》えが段々《だんだん》と近寄《ちかよ》りたから、是《これ》までの如《よ》うな事《こと》には行《い》かんから、一《いち》か八《ばち》と

云《い》う事《こと》を、向《むこ》うの国《くに》の悪《あく》の頭《かしら》に書《か》いて見《み》せて置《お》くが良《よ》いぞよ。今《いま》の日本《にほん》の番頭《ばんとう》のフナフナ腰《ごし》では、兎《と》ても恐《こわ》がりて、コンナ事《こと》を書《か》いて見《み》せて遣《や》るだけの度胸《どきよう》は在《あ》りは致《いた》すまいなれど、神《かみ》の申《もう》すように致《いた》したら間違《まちが》いは無《な》いぞよ。一《いち》の番頭《ばんとう》の守護神《しゆごじん》が改心《かいしん》が出来《でき》たら、肉体《にくたい》に胴《どう》が据《す》わるなれど、到底六《とうていむつ》カ敷《し》いから、今《いま》に番頭《ばんとう》を取《と》り替《か》えて了《しま》うぞよ。モウ悪《あく》の頭《かしら》の年《ねん》の明《あ》きであるから、悪《わる》い頭《かしら》から取《と》り払《はら》いに致《いた》すぞよ。

何事《なにごと》も時節《じせつ》が一度《いちど》に参《まい》りて来《き》て、世界中《せかいじゆう》の困難《こんなん》が到来《とうらい》すると云《い》う事《こと》が、毎度《まいど》申《もう》して知《し》らした事《こと》が実地《じつち》になりて、一度《いちど》に開《ひら》く梅《うめ》の花《はな》、追々分《おいおいわ》からなんだ事《こと》が明白《ありやか》に判《わか》りて来《き》て、キリキリ舞《ま》いをいたさな成《な》らん、夜《よ》の目《め》も眠《ね》られん如《よ》うな事《こと》に成《な》ると申《もう》して置《お》いたが、一度《いちど》筆先《ふでさき》に出《だ》した事《こと》は皆出《みなで》て来《く》るぞよ。

能《よ》く念《ねん》を押《お》して置《お》くぞよ。念《ねん》に念《ねん》を押《お》して、クドイといわれても復《また》、念《ねん》を押《お》して在《あ》るから、モウ是《これ》からは、神界《かみ》の事《こと》情も能《よ》く解《わか》る様《よう》に一度《いちど》に成《な》りて来《く》るから、誠《まこと》で無《な》いと、此《こ》の先《さき》は誠一《まことひと》つの善《ぜん》の道《みち》が拵《こしら》えて在《あ》るから、一日《いちにち》も早《はや》く善《ぜん》の道《みち》へ立《た》ち復《かえ》りて、日本魂《やまとだましい》に捻直《ねじなお》して下《くだ》されよ。

悪《あく》の世《よ》は齢《よわい》が短《みじか》いから、体主霊従《あく》の身魂《みたま》が大変困《たいへんくる》しむ事《こと》が出来《でき》るから、明治《めいじ》二十五年《ねん》から怒《おこ》られる程申《ほどもう》して在《あ》りたぞよ。日本《にほん》の人民《じんみん》は男《おとこ》も女《おんな》も、腹帯《はらおび》を確《しっか》り〆《し》めて掛《か》からんと、一旦《いったん》は堪《こば》れん如《よ》うな混雑《こんざつ》になるぞよ。

明治《めいじ》二十五年《ねん》から、九度《くど》いと申《もう》して怒《おこ》られもって、今《いま》に立替《たてか》えの神諭《ふでさき》を書《か》かして居《お》るぞよ。

何時《いつ》までも同《おな》じ事《こと》に、間々《あいだあいだ》に細々《こまごま》能《よ》く判《わか》る様《よう》に、抜目《ぬけめ》の無《な》い様《よう》、落度《おちど》の無《な》い様《よう》に知《し》らしたなれど、ソンナ事《こと》が在《あ》るものかと申《もう》して、今《いま》に疑《うたご》うて居《お》る人民斗《じんみんばか》り、実地《じっち》が出《で》て来《き》て、青白《あおお》い顔《かお》をして、腰《こし》が抜《ぬ》けて足《あし》も立《た》たず、腮《あご》が外《はず》れて、足《あし》が上《うえ》に成《な》り頭《あたま》が下《した》に成《な》りて、ソコラ中《じゅう》をヌタクラナ成《な》らん事《こと》が出《で》て来《く》るぞよと知《し》らして在《あ》るが、モウ近《ちこ》うなりて来《き》たぞよ。悪《あく》の昇《のぼ》るのは迅《はや》いなれど、降《くだ》るのも又速《またはや》いぞよ。

善《ぜん》の分《わ》かるのは手間《てま》が要《い》るなれど、善《ぜん》の道《みち》の開《ひら》けたのは万古《まんご》末代《まつだい》の栄《さか》えであるから、爰《ここ》まで悪開《わるびら》けに開《ひら》けた世界《せかい》を、根本《こんぽん》から革正《たてかえ》いたして、今後《このさき》は体主《あ》霊従主義《く》と云《い》う様《よう》な、醜《みぐる》しき世《よ》は無《な》い如《よ》うに致《いた》すので在《あ》るから、是《これ》ほど大望《たいもう》な事《こと》は、末代《まつだい》に一度《いちど》ほか為《し》られんのであるから、神《かみ》も中々骨《なかなかほね》が折《お》れるぞよ。

是《これ》ほど世界中《せかいじゅう》が曇《くも》り切《き》りて居《お》る世《よ》の中《なか》を、世界中《せかいじゅう》を水晶《すいしょう》に致《いた》すのであるから、骨《ほね》が折《お》れるのも当然《あたりまえ》であるぞよ。

斯《こ》の極悪《ごくあく》の世《よ》を立替《たてか》えて了《しも》うて、末代口舌《まつだいくぜつ》の無《な》い如《よ》うに、大神様《おおかみさま》の御血筋一《おちすじひと》つの世《よ》に立直《たてなお》しをいたさねば、世界《せかい》の苦舌《くぜつ》が絶《た》えんから、人民《じんみん》の心《こころ》が悪《わる》なる斗《ばか》り、何《い》時《つ》になりても国《くに》の奪《と》り合《あ》い斗《ばか》りで、治《おさ》まりは致《いた》さんぞよ。

日本《にほん》の国《くに》は、本《もと》が霊主体従《ひのもと》であるから、がいこくの霊魂《みたま》は来《く》る事《こと》の成《な》らん様《よう》に立《た》て別《わ》けて在《あ》りたので、誠《まこと》に穏《おだや》かに在《あ》りたなれど、世《よ》が逆様《さかさま》に覆《かえ》りて、今日本《いまにほん》の状《あり》態《さま》であるぞよ。薩張《さつぱ》り上下《うえした》へ世《よ》が覆《かや》りて了《しも》うて、上《うえ》から下《した》までの醜《みぐる》しさと云《い》うものは、天地《てんち》の誠《まこと》の神《かみ》からは、眼《め》を明《あ》けて見《み》る事《こと》が出来《でき》んぞよ。

斯《こ》の世《よ》を結構《けつこう》と申《もう》して、大《おお》きな取《と》り違《ちが》いを為《し》て居《お》りて、良《よ》いと云《い》う事《こと》も悪《わる》いと云《い》う事《こと》も、可非《よしあし》の判《わか》らん見苦《みぐる》しきが上《うえ》へ上《あ》がりて、大将《たいしょう》なぞとは凄《すさ》まじき事《こと》なれど、斯《こ》ういう世《よ》が一旦《いったん》は出《で》て来《く》ると申《もう》す事《こと》は、地球《せかい》を創造《こしらえ》る折《おり》から良《よ》く判《わか》りて居《お》るので、日本《にほん》の国《くに》には、外《ほか》の身魂《みたま》では能《よ》う為《し》もせず、解《わか》りも致《いた》さんぞよ。一輪《いちりん》の火水《ひみず》(言霊《ことたま》)の経綸《しぐみ》がいたして在《あ》りて、先《さき》が見《み》え透《す》いて居《お》るから、爰《ここ》までに辛《つら》い事《こと》も堪《こば》り詰《つ》めて来《こ》られたので在《あ》るぞよ。

今度《こんど》の二度目《にどめ》の世《よ》の建替《たてか》えは、智恵《ちえ》でも学《がく》でも機械《きかい》でも、世界中《せかいじゅう》の大戦《おおたたか》いには手《て》柄《がら》は出来《でき》んぞよ。

何程悪《なにほどあく》の頭《かしら》でも、到底是《とてもこれ》からの世《よ》は、今迄《いままで》の行《や》り方《かた》では行《い》かぬと云《い》う事《こと》に気《き》が付《つ》いて、綾部《あやべ》の大元《おおもと》へ、今《いま》の内《うち》に願《ねが》いに来《く》る守護神《しゅごじん》でありたら、善一《ぜんひと》つの道《みち》へ乗《の》り替《か》えさして、末代《まつだい》の世《よ》を構《かま》わして、毛筋《けすじ》の横巾《よこはば》も悪《あく》の性来《しょうらい》の混《ま》じりの無《な》い結構《けっこう》な神代《かみよ》に助《たす》けて遣《や》るから、早《はや》く改心《かいしん》なされよ。何程我《なにほどが》を張《は》りて見《み》ても、時節《じせつ》には叶《かな》わんぞよ。

善一筋《ぜんひとすじ》の純粋《きつすい》の元《もと》の御血筋《おちすじ》で、末代《まつだい》の世《よ》を立《た》て行《ゆ》く結構《けっこう》な仕組《しぐみ》の解《わか》る世《よ》が参《まい》りて来《き》たから、爰《ここ》までに知《し》らしても、未《ま》だ今《いま》に成《な》って凝《うたご》うて居《お》る守護神《しゅごじん》や人民斗《じんみんばか》りで、可憐《かわいそう》なものなれど、モウ神《かみ》からは人民《じんみん》に知《し》らせ様《よう》が無《な》いから、何時《いつ》までも邪魔《じゃま》を致《いた》す極悪《ごくあく》の頭《かしら》から平《たい》らげると云《い》う事《こと》を、永《なが》らく筆先《ふでさき》で知《し》らして在《あ》る通《とお》りに、時節《じせつ》が迫《せま》りて来《く》るぞよ。

余《あま》り何時《いつ》までも高上《たかあ》がりを為《し》て居《お》ると、時分《じぶん》の過《す》ぎた色花《いろばな》の萎《しお》れる如《ごと》く、今日《きょう》の間《ま》にも手《て》の掌《ひら》が覆《かや》るぞよ。今《いま》の中《うち》に、発根《ほつごん》からの改心《かいしん》が一等《いっとう》であるぞよ。疑《うたご》うて居《お》りて、何事《なにごと》が出来《しゅったい》しても、神《かみ》はモウ知《し》らんぞよ。

悪《あく》の霊《みたま》を曳《ひ》き抜《ぬ》いて、元《もと》の日本《やまと》魂《だましい》の霊《みたま》と入《い》れ替《か》えて遣《や》ると申《もう》して、爰《ここ》までに知《し》らして在《あ》るなれど、余《あま》り向《む》うの霊魂《みたま》が悪渋《わるしぶ》とうて手《て》に合《あ》わんから○○○○○。日《に》本《ほん》の霊魂《みたま》が、向《む》うの悪《わる》シブトイ性来《しょうらい》に成《な》り切《き》りて居《お》るから、言《い》い聞《き》かした位《ぐらい》に聞《き》く如《よ》うな優《やさ》しい身魂《みたま》は在《あ》りはせんぞよ。

今《いま》の日本《にほん》の人民《じんみん》は、がいこくの行《や》り方《かた》が良《よ》く見《み》えるのであるから、何程《なにほど》言《い》い聞《き》かしても聞《き》きはせぬぞよ。困《こま》ったものであるぞよ。がいこくほど良《よ》い国《くに》は無《な》いと、心《こころ》に錠《じょう》を降《お》ろして了《しも》うて居《お》るから、何程実地《なにほどじっち》の事《こと》を言《い》い聞《き》かしても、逆様斗《さかさまばか》りに取《と》るから、助《たす》けて遣《や》り様《よう》が無《な》いぞよ。

是《これ》でもモチト先《さき》に成《な》りたら、大《おお》きな取《と》り違《ちが》いを致《いた》して居《お》りたと云《い》う事《こと》が、上《うえ》へ上《あ》がりて覇《は》の利《き》いて居《お》りた人民《じんみん》に、自然的《ぬしがで》に判《わか》りて来《く》るぞよ。今迄《いままで》の様《よう》に、自分《われ》好《よ》しの目的《やりかた》は、トントン拍子《びょうし》には行《い》かぬ如《よ》うになるぞよ。

日本《にほん》の人民《じんみん》確《しつか》り致《いた》さんと、今《いま》に大変《たいへん》な事《こと》になりて来《く》るから、吾妻《あずま》の国《くに》も危《あぶ》ないと申《もう》して、彼方此方《あちらこちら》へと狼狽《うろたえ》まわして、行《い》く処《ところ》に迷《まよ》うぞよ。

〇〇を守護《しゅご》いたす安全《あんしん》な処《ところ》は、綾部《あやべ》の大本《おほもと》より外《ほか》には無《な》いぞよ。綾部《あやべ》は三千年余《さんぜんねんあま》りて、昔《むかし》からの神《かみ》の経綸《しぐみ》の致《いた》して在《あ》る結構《けっこう》な所《ところ》であるから、大本《おほもと》の教《おし》えを聞《き》いて居《お》る人民《じんみん》は、余程《よほど》シッカリいたして居《お》らんと、油断《ゆだん》が在《あ》りたら、肝腎《かんじん》の経綸《しぐみ》を他《よ》国《そ》から取《と》りに来《く》るぞよ。

何程《なにほど》奪《と》ろうと致《いた》しても神《かみ》が奪《と》らしは致《いた》さんなれど、物事《ものごと》が遅《おく》れるだけ世界《せかい》の困難《こんなん》が永《なが》びくから、十分《じゅうぶん》に覚悟《かくご》をいたして、正勝《まさか》の時《とき》の御用《ごよう》を勤《つと》めて下《くだ》されよ。三千《さんぜん》世界《せかい》の鏡《かがみ》の出《で》る大本《おほもと》であるぞよ。

『〇〇の鎮《しず》まる〇〇は大和《やまと》にしようか、尾張《おわり》にしようか、一層信州《いっそうしんしゅう》が良《よ》かろうか、但《ただ》しは備前《びぜん》か常陸《ひだち》かと、上《うえ》の番頭《ばんとう》も、守護神《しゅごじん》も人民《じんみん》も、トチメンボウを振《ふ》るぞよ。何程《なにほど》あせりても、艮《とどめ》を刺《さ》すのは綾部《あやべ》であるぞよ』

今《いま》の人民《じんみん》は、神《かみ》がいつまで言《い》うて聞《き》かしても、人《ひと》を威《おど》す位《ぐらい》にほか能《よ》う取《と》らんから、一度《いちど》にバタツイても間《ま》に合《あ》わんぞよ。

俄《にわ》かの信心《しんじん》は役《やく》に立《た》たぬから、常《つね》から神信《しんじん》いたせと申《もう》して知《し》らして在《あ》るぞよ。世《せ》界《かい》に恐《こわ》い事《こと》が出《で》て来《き》だしたと申《もう》して、逃《に》げ込《こ》んで来《き》ても、大峠《おおとうげ》の真最中《まっさいちゅう》に成《な》りたなら、何程力量《なにほどちから》の在《あ》る神《かみ》でも、ソンナ事《こと》には掛《か》かりては居《お》れんように忙《せわ》しく成《な》るから、常《つね》に信心《しんじん》を致《いた》せと申《もう》して、爰《ここ》までに気《き》が付《つ》けてあるぞよ。

善《ぜん》の行《や》り方《かた》と悪《あく》の行《や》り方《かた》とを、末代《まつだい》書《か》いて遺《のこ》す綾部《あやべ》の大本《おほもと》であるから、変性男子《へんじようなんし》の身魂《みたま》の出口直《でぐちなお》が書《か》いた筆先《ふでさき》を、坤《ひつじさる》の金神《こんじん》が変性女子《へんじようによし》と現《あら》われて、説《と》いて聞《き》かして、守護神人民《しゆごじんじんみん》に改心《かいしん》を致《いた》さす御役《おんやく》であるから、世界《せかい》の人民《じんみん》よ、筆先《ふでさき》の事《こと》が聞《き》きたくば、綾部《あやべ》の大本《おほもと》へ参《まい》りて来《き》て、細々《こまごま》と聞《き》かして貰《もろ》うたら、世界《せかい》の事《こと》が心相《こころし》応《だい》に解《わか》りて来《き》て、世界《せかい》に何事《なにごと》ありても、驚《おどろ》きは致《いた》さん如《よ》うになるぞよ。

向《むこ》うの国《くに》の極悪神《ごくあくがみ》の頭《かしら》が、日本《にほん》の人民《じんみん》を一人《ひとり》も無《な》いように致《いた》す仕組《しぐみ》を為《し》て居《お》るなれど、日本《にほん》にも根本《こんぽん》から動《うご》かぬ経綸《しぐみ》が致《いた》して在《あ》るから、国《くに》も小《ちい》さいし人民《じんみん》も尠《すく》ないなれど、初発《しよつぱつ》から一厘《いちりん》と九分《くぶ》九厘《くりん》との大戦《おおたたか》いで在《あ》ると申《もう》して、何時《いつ》までも同《おな》じような事《こと》を書《か》かして在《あ》る通《とお》り、口《くち》で言《い》わして在《あ》る事《こと》が、ドチラの国《くに》にもあるから、神力《しんりき》と学力《がくりき》との力比《ちからくら》べの大戦《おおたたか》いであるから、負《ま》けた方《ほう》が従《したが》わねば成《な》らんと申《もう》して、筆先《ふでさき》に出《だ》して在《あ》る通《とお》り、実地《じっち》に出現《なり》て来《く》るから、此《こ》の先《さき》で神《かみ》から不許《ならん》と申《もう》す事《こと》を致《いた》したり、我《われ》の一力《いちりき》で行《や》ろうと思《おも》うても、世《よ》が薩張《さっぱ》り変《か》わりて了《しま》うから、是《これ》までの事《こと》はチットも用《もち》いられんぞよと、度々《たびたび》気《き》を付《つ》けて在《あ》るのに、聞《き》かずに吾《われ》の我《が》で行《や》りたら、彼方《あちら》へ外《はず》れ此方《こちら》へ外《はず》れて、一《ひと》つも思《おも》う様《よう》には行《い》かんぞよ。素直《すなお》にさえ致《いた》せば、何事《なにごと》も思《おも》うように、箱差《はこさ》した様《よう》に行《い》くのが神代《かみよ》の政治《せいじ》であるぞよ。

今《いま》の人民《じんみん》は、余《あま》り我《が》が強《つよ》いから、是迄《これまで》は神《かみ》の申《もう》す事《こと》も聞《き》かずに、守護神《しゅごじん》の自由《じゆう》に、一力《いちりき》で思惑《おもわく》に行《ゆ》けたのは、地《ち》の上《うえ》に誠《まこと》の大将《たいしょう》と申《もう》すものが無《な》かりたから、世《よ》に出《で》て居《お》る方《ほう》の守護神《しゅごじん》が、向《む》こうの国《くに》の大将《たいしょう》に気《き》に入《い》る様《よう》な悪力《わるぢから》が在《あ》りたなら、何処《どこ》までも上《あ》げて貰《もら》える邪神等《じゃしんら》の世《よ》と成《な》りて居《お》りたから、悪《わる》い事《こと》の仕放題《しほうだい》、悪神《わるがみ》の自由《じゆう》で在《あ》りたなれど、モウ時節《じせつ》が廻《めぐ》りて来《き》たから、其《そ》の時節《じせつ》の事《こと》を致《いた》さな、世《よ》は立《た》ちては行《い》かんぞよ。

今迄《いままで》は物質《ぶつじ》の世《よ》でありたから、学《がく》が茲《ここ》まで蔓《はびこ》りて、学力《がくりき》でドンナ事《こと》でも九分九厘《くぶくりん》までは成就《じょうじゅ》いたしたなれど、モウ往生《おうじょう》いたさな成《な》らん如《よ》うに成《な》りて来《き》たぞよ。

茲に成るまでに、悪の守護神を改心さして、助けて遣りたいと思うて、明治《めいじ》二十五年《ねん》から、深《ふか》い因縁《いんねん》のある出口直《でぐちなお》の身魂《みたま》に知《し》らさしたのであるなれど、我《われ》ほど豪《えら》いものは無《な》きように思《おも》うて、チットモ改心《かいしん》の出来《でき》ん罪人《つみびと》ばかり、神《かみ》も是《これ》には往生《おうじょう》いたさな仕様《しよう》が無《な》いぞよ。

現世《このよ》の鬼《おに》を平《たい》らげて、世界《せかい》のものに安心《あんしん》を致《いた》さすぞよと云《い》う事《こと》が、初発《しょっぱつ》に筆先《ふでさき》にかかして在《あ》るが、世界《せかい》の大洗濯《おおせんたく》をいたして、元《もと》の水晶《すいしょう》の身魂《みたま》やら天地《てんち》の大神《おおかみ》の直系《じきじき》の御血筋《おちすじ》の世《よ》に致《いた》して、天《てん》に坐《い》ます御三体《ごさんたい》の大神様《おおかみさま》に、御眼《おめ》に懸《か》けねば成《な》らぬ御役《おんやく》であるぞよ。

来《お》いで来《お》いでと松《まつ》の世《よ》を待《ま》ちて居《お》りたら、松《まつ》の世《よ》の初《はじ》まりの時節《じせつ》が参《まい》りて来《き》たなれど、肝腎《かんじん》の悪《あく》の性来《しょうらい》の改心《かいしん》をいたして貰《もら》わんと、何時《いつ》までも頑張《がんば》るような事《こと》では、斯《こ》の世《よ》は水晶《すいしょう》にならんから、ドウシテも聞《き》かねば、聞《き》くように致《いた》すより仕様《しよう》は無《な》いぞよ。

国《くに》には代《か》えられんから、此《こ》の先《さき》の規則通《きそくどお》りに制配《せいばい》を致《いた》さねば、御三体《ごさんたい》の大神様《おおかみさま》へ申《もう》し訳《わけ》が無《な》いから、二度目《にどめ》の世《よ》の立替《たてか》えをいたしたら、悪《あく》の性霊《しょうらい》は微塵《みじん》も無《な》い如《よ》うに、洗《あら》い替《か》えをして、巌《いわ》に松《まつ》の動《うご》かぬ世《よ》にいたす綾部《あやべ》の大本《おほもと》は、世界《せかい》の大本《おほもと》と成《な》る尊《たっと》い所《ところ》であるから、余《あま》り何時《いつ》までも疑《うたご》うて居《お》ると、天地《てんち》の大神様《おおかみさま》へ大《おお》きな御《ご》無礼《ぶれい》になるから、今一度《いまいちど》気《き》を付《つ》けておくから、素直《すなお》に致《いた》すが徳《とく》であるぞよ。本宮《この》村《むら》、綾部《あやべ》の町《まち》の人《もの》。

明治三十六年旧六月八日

艮《うしとら》の金神変性男子《こんじんへんじょうなんし》の御魂《みたま》が顕《あら》われて、世界《せかい》の守護《しゅご》を致《いた》すには、此《こ》の世《よ》に今迄《いままで》に無《な》かりた事《こと》ばかりを致《いた》さねばならんから、実《まこと》に大事業《たいもう》であるぞよ。

永《なが》き世《よ》の終末《しまい》となりた世《よ》の中《なか》を立替《たてか》えるには、世界《せかい》の人民《じんみん》を守護《しゅご》いたして居《お》る暗《やみ》雲《くも》の守護神《しゅごじん》の心《こころ》が、金輪際見苦《こんりんざいみぐる》しき事《こと》に化《な》りて了《しも》うて、世《よ》の立替《たてか》えを致《いた》すのに、掛《か》かりかけが出来《でき》んような非道《ひど》い状態《こと》になりて居《お》れども、ドウしても今度《こんど》は、水《すい》晶《しょう》の神代《かみよ》に立替《たてか》えいたさねばならん変性男子《へんじょうなんし》の御魂《みたま》の天職《やく》であるから、何時《いつ》も直《なお》が心配《しんぱい》をいたすのを、見《み》て居《お》る神《かみ》も辛《つら》いから、大本《こ》の内《なか》の二人《ふたり》と役員《やくいん》の身魂《みたま》が水《すい》晶《しょう》に磨《みが》けて来《こ》んと、誠《まこと》の教《おし》えが立《た》たんから、明治《めいじ》二十五年《ねん》からの筆先《ふでさき》を、役員《やくいん》と二人《ふたり》とが全部腹《すっくりはら》へ入《い》れたら、大《おお》きな声《こえ》で物《もの》を言《い》うのも言《い》えんように成《な》るから、そう成《な》って貰《もら》わんと、神《かみ》が表《おもて》に現《あら》われる事《こと》が出来《でき》んぞよ。

斯《こ》の曇《くも》りた世《よ》を立替《たてか》えるには、世間《ひと》から、何《なん》とした結構《けっこう》な御道《おみち》で在《あ》ると申《もう》して、大本《こ》の中《なか》へ来《こ》いでも改心《かいしん》を致《いた》す位《ぐらい》に、大本《こ》の中《なか》から成《な》って貰《もら》わな、誠《まこと》の神《かみ》の威勢《いせい》は出《で》ぬ由《よ》って、日々《にちにち》に大本の中《なか》の様子《ようす》を見《み》て、神《かみ》と出口《でぐち》とが気苦労《きぐろう》をいたすぞよ。口《くち》で言《い》えば行《い》かず、筆《ふで》に出《だ》せば気《き》に障《さわ》るなり、斯《こ》の曇《くも》りた世《よ》の中《なか》の彼方此方《あちらこちら》の一《いっ》切《さい》の事《こと》を構《かま》わねば、物事《ものごと》は成就《じょうじゅ》いたさんし、今《いま》では直《なお》が肉体心《にくたいごころ》で勝手《かって》に申《もう》す如《よ》うに、吾児《わがこ》でさえも未《ま》だ大本へは立《た》ち寄《よ》らん如《よ》うな事《こと》なり、肝心《かんじん》の上田会長《うえだかいちょう》は一寸《すこし》も力《ちから》に成《な》って呉《く》れず、一々反対《いちいちはんたい》ばかり致《いた》すなり、出口直《でぐちなお》はまだ一人《ひとり》で辛《つら》い事《こと》なれど、是《これ》が変性男子《へんじようなんし》の御魂《みたま》の御役《おんやく》であるぞよ。

夫《そ》れで明治《めいじ》二十六年《ねん》に、出口直《でぐちなお》が牢《ろう》へ這入《はい》りて居《お》る折《おり》に、推量節《すいりょうぶし》が作《つく》りて在《あ》るぞよ。『今度《こんど》の推量節《すいりょうぶし》は何処《どこ》から流行《はや》る、綾部出口《あやべでぐち》の屋敷《やしき》から、推量《すいりょう》推量《すいりょう》』と申《もう》してあるぞよ。

出口《でぐち》が座敷牢《ざしきろう》へ這入《はい》りて居《お》る折《おり》、夜《よる》の十一時《じゅういちじ》と思《おも》う時分《じぶん》に、二十歳《はたち》ぐらいな声《こえ》で、二人《ふたり》が牢《ろう》の傍《そば》で、推量《すいりよう》推量《すいりよう》と謳《うと》うて居《お》る声《こえ》が致《いた》した事《こと》がありたが、翌《あく》る日《ひ》の朝《あさ》になりて、明神《みようじん》の高倉稲荷《たかくらいなり》と鬼嶽稲荷《おにたけいなり》で在《あ》りたが、推量節《すいりようぶし》を唐土天竺《からてんじく》へ拡《ひろ》めに行《い》くのでありたと云《い》う事《こと》が、直《なお》に分《わ》かりて喜《よろこ》びたぞよ。

推量節《すいりようぶし》が流行《はやり》て来《く》るように成《な》りたらば、判《わか》りて来《く》るなれど、〇〇きちの心《こころ》と出口《でぐち》の心《こころ》を推量《すいりよう》せいとの歌《うた》でありたぞよ。

それから十一年《じゅういちねん》の今日《きょう》になるまでの、出口直《でぐちなお》の気苦労《きぐろう》と申《もう》すものは、普通《ひととおり》の苦労《くろう》では無《な》いが、何《ど》の教祖《きょうそ》でも中々《なかなか》の苦労《くろう》を致《いた》して居《お》れるが、此《こ》の綾部《あやべ》の 艮《うしとら》 の金神《こんじん》を世《よ》に出《い》だす教祖《きょうそ》は、亦一層《またいっそう》の骨《ほね》が折《お》れるから、ひととおりの身魂《みたま》では、世《よ》に落《お》ちた地《ち》の先祖《せんぞ》の生神《いきがみ》を、世《よ》に出《だ》すと云《い》う事《こと》は六《むっ》カ敷《し》いぞよ。

後《あと》の世継《よつぎ》と成《な》る人《ひと》が、山奥《やまおく》に潜《かご》みて居《お》る様《よう》な落《お》ち付《つ》いた、何事《なにごと》が出《で》て来《き》てもビクともせぬ大精神《たましい》になりて下《くだ》さらねば、今《いま》の如《よ》うな状態《こと》では、 艮《うしとら》 の金神《こんじん》が国常立《くにとこたち》 尊《のみこと》 と世界《せかい》へ現《あら》われて、昔《むかし》からの因縁《いんねん》を、神《かみ》の席《そば》へ引《ひ》き寄《よ》して、話《はな》して世界《せかい》の人民《じん》に言《い》い聞《き》かすという所《とこ》へは、未《ま》だ未《ま》だ行《い》かんぞよ。

我身《わがみ》や世界《せかい》の良《よ》くなる事《こと》ばかりを、何程待《なにほどま》ちて居《お》りても、肝腎《かんじん》の行状《おこない》が不修成《でけん》と、誠《まこと》の生神《いきがみ》が世界《せかい》の表面《おもて》へ現《で》た所《とこ》で、そこらが醜《みぐる》しくて、神《かみ》の鎮《お》る所《とこ》も無《な》いぞよ。俄《にわ》かに、とち面貌《めんぼう》をふりて、神徳《おかげ》の墜《お》ちる如《よ》うな失態《こと》のないように、胴《どう》を据《す》えて居《お》らんと、是《これ》からの世界《せかい》は、一日増《いちにちま》しに激《はげ》しく成《な》りて来《く》るぞよ。チョロコイ精神《こころ》では、斯《こ》んな誠《まこと》の神《かみ》の御用《ごよう》は勤《つと》まらんぞよ。

艮《うしとら》の金神《こんじん》が、体内《にくたい》へ這入《はい》りての正実《しょうまつ》の御用《ごよう》いたすのは、変性男子《へんじょうなんし》の身魂《みたま》で無《な》いと、イツまで掛《か》かりたとて、今度《こんど》の二度目《にどめ》の神政成就《たてかえ》の経綸《しぐみ》は、人民《じんみん》の知《し》らん事《こと》であるから六《むつ》カ敷《し》いのじゃぞよ。

今《いま》が世界大洗濯《せかいおおせんたく》の初発《しょっぱつ》であるから、斯《こ》大本《こ》へ立《た》ち寄《よ》る人《ひと》は、余程《よほど》精神《こころ》を改《あらた》めて来《き》て下《くだ》されよ。今《いま》は掛《か》かりであれども、日増《ひま》しに辛《つら》くなるから、其《そ》の覚悟《かくご》をいたして居《お》らんと、外《ほか》の教会《きょうかい》の行《や》り方《かた》とは、全然天地《さっぱりてんち》の相違《ちがい》であるから、各自《めいめい》に身魂《みたま》を審判《あらため》られると辛《つら》いぞよ。

是迄《これまで》の世界《せかい》は、夜《よる》の食国《くに》の守護《しゅご》で在《あ》りたから、ドンナ行為《こと》を致《いた》して居《お》りても罰《ばち》も当《あ》たらず、大悪人《だいあくにん》の覇《は》張《ば》るに都《つ》合《ごう》が能《よ》く出来《でき》て居《お》りて、神《かみ》の利益《りやく》と云《い》うものも、微弱位《すこしくらい》より現《あら》われなんだが、是《これ》からは神界《かげ》で調査《あらため》て在《あ》る事《こと》を、厳重《げんじゅう》に現《あら》わして了《しま》うぞよ。

斯《こ》の世《よ》が斯《こ》う云《い》う事《こと》に乱《みだ》れて居《お》ると云《い》う事《こと》を、出《で》口直《ぐちなお》の一番姉娘《いちばんあねむすめ》の米《よね》に為《さ》して見《み》せて在《あ》るから、是《これ》を見《み》て、斯《こ》の大本《なか》へ立《た》ち寄《よ》る人《ひと》は心得《こころえ》て下《くだ》されよ。我児《わがこ》にして見《み》せねば、他《ひと》の児《こ》に、斯《こ》大本《こ》から瑕《きず》は付《つ》けられんから、神《かみ》と出口《でぐち》の心《こころ》を推量《すいりょう》いたして、各自《めいめい》に身魂《みたま》を研《みが》いて、日本魂《やまとだましい》に成《な》りて下《くだ》されよ。

今《いま》の世《よ》の中《なか》に、清《きよ》らかな水晶《すいしょう》の人民《じんみん》は何程《なにほど》も無《な》いぞよ。何《ど》れも皆《みな》、深《ふか》い罪過《めぐり》が有《あ》り勝《が》ちじゃぞよ。誰《たれ》も雪蔭《せんち》で饅頭《まんじゅう》を喰《く》たような顔《かお》を致《いた》して居《お》れど、神界《かげ》ではモウ何事《なにごと》も能《よ》く調《しら》べて在《あ》るから、斯《こ》大本《こ》へ立《た》ち寄《よ》ろうと思《おも》う人《ひと》は、誰《たれ》に由《よ》らず厳《きび》しき調査《あらため》をいたすから、其《そ》の覚悟《かくご》で居《お》りて下《くだ》されよ。

我子《わがこ》、人《ひと》の子《こ》、親《おや》、兄弟《きょうだい》の隔《へだ》ては出来《でき》んのが、神界《しんかい》の規則《きそく》であるぞよ。改心《かいしん》の出《で》来《き》た守護神《しゅごじん》に使《つか》われて居《お》る身魂《みたま》は善《よ》く成《な》るし、誠《まこと》の判《わか》らん守護神《しゅごじん》に使《つか》われて居《お》る人民《じんみん》は可愛想《かわいそう》なから、上《うえ》から改心《かいしん》をさせねば成《な》らんと申《もう》して、筆先《ふでさき》に毎度《まいど》出《だ》して気《き》を付《つ》けて在《あ》るぞよ。

何事《なにごと》も時節《じせつ》が近《ちか》よりたから、変性男子《へんじょうなんし》の御役《おんやく》は誠《まこと》に辛《つら》いぞよ。人《ひと》には命《さ》せられん約《つま》らん事《こと》を我子《わがこ》に命《さ》して、鏡《かがみ》に出《だ》して置《お》いて、人《ひと》の心《こころ》を直《なお》さねば成《な》らんと云《い》う、実《まこと》に辛《つら》い変性男子《へんじょうなんし》の天職《やく》であるぞよ。上《うえ》から下《した》まで、隅《すみ》から隅《すみ》まで、薩張《さつぱ》り暗黒《やみ》界《よ》に化《な》りて居《お》る世《よ》を、根本《こんぽん》から立替《たてか》えて、昔《むかし》の神代《かみよ》の政治《よ》に戻《もど》さねば成《な》らん、神《しん》界《かい》からの御役《おんやく》であるぞよ。

世界《せかい》が総体《みな》、泥水同様《どろみずどうよう》に汚《けが》れて居《お》るのを、綾部《あやべ》の大本《ここ》から澄《す》まして、水晶《すいしょう》の清《きよ》らかな世《よ》に改復《いたさ》ねばならんから、是迄《これまで》のような行状《おこない》を仕《し》て居《お》りては、世《よ》が元《もと》の水晶《すいしょう》の神代《かみよ》へ戻《もど》らんから、是《これ》から大本《ここ》の中《なか》は、神《かみ》が一々《いちいち》気《き》を付《つ》けるから、一日増《いちにちま》しに激《はげ》しく成《な》る。斯大本《ここ》へ這入《はい》りて来《き》て、陽気《ようき》な気楽《きらく》な精神《こころ》では、一時《いっとき》の間《ま》も居《お》る事《こと》は出来《でき》ぬように致《いた》すぞよ。

出口《でぐち》の口《くち》で申《もう》す代《か》わりに、筆先《ふでさき》に書《か》かして在《あ》るから、此大本《ここ》へ改心《かいしん》いたして来《き》たなれば、外《ほか》では判《わか》らん結構《けっこう》な事《こと》を言《い》うて聞《き》かして、身魂《みたま》を磨《みが》いて、日本 魂《やまとだましい》の種《たね》に致《いた》して遣《や》るから、タタキ落《お》としても、人《ひと》からは能《よ》う奪《と》らん神徳《おかげ》を持《も》たして帰《いな》して遣《や》るなれど、其人民《そんなひと》が無《な》いので、中々骨《なかなかほね》が折《お》れるぞよ。何事《なにごと》も神《かみ》の経綸《しぐみ》の早《はや》く解《わか》るのは、良《よ》き守護神《しゅごじん》の憑《か》かりて居《お》る人民《じんみん》であるぞよ。

艮《うしとら》の金神《こんじん》の気《き》に合《あ》う身魂《みたま》は、一《いち》を申《もう》せば十《じゅう》を感得《とり》て、眼配《めくば》り心配《こころくば》りを能《よ》く致《いた》し、人《ひと》の心《こころ》が見《み》え透《す》くように成《な》らねば、誠《まこと》の神界《かみ》の肝腎《かんじん》の御用《ごよう》は勤《つと》まらんぞよ。我身《わがみ》が苦労《くろう》いたして、人《ひと》にめぐりを積《つ》ませんよう、我身《わがみ》は次《つぎ》にして、他人《ひと》良《よ》かれの心《こころ》でないと、誠《まこと》の神《かみ》の心《こころ》に叶《かな》わんぞよ。斯《こ》の心《こころ》の在《あ》る身魂《みたま》でありたなら、一旦《いったん》は人《ひと》より一倍苦労《いちばいくろう》を致《いた》さねば成《な》らぬなれど、神界《かみ》から其《そ》の精神《こころ》の者《もの》は、何彼《なにか》の事《こと》を守護《しゅご》いたすから、何事《なにごと》も思《おも》うように行《い》くなれど。

夫《そ》れは、水晶《すいしょう》の身魂《みたま》に研《みが》かんと、曇《くも》りが在《あ》りては、此《こ》の世《よ》は思《おも》うようには行《い》きはせんぞよ。思《おも》うように斯《こ》の世《よ》で行《い》かんのは、我《われ》の心《こころ》の持《も》ち方《かた》が違《ちご》うて居《お》るので在《あ》るから、熟々《じっくり》思と考《かんが》えて見《み》るが良《よ》いぞよ。

大本《ここ》の明治《めいじ》二十五年《ねん》からの神諭《ふでさき》を、落度《おちど》の無《な》いように見《み》たなれば、何事《なにごと》にも腹《はら》が立《た》たぬように成《な》るし、一々我《いちいちわれ》の心《こころ》が耻《は》ずかしゅうて、黙《だま》りて居《お》りて改心《かいしん》が出来《でき》るなれど、余《あま》り激烈《ひどい》くもり如《よ》うで、斯大本《ここ》へめぐりを持《も》って来《く》る斗《ばか》りであるぞよ。

何《ど》んな重《おも》いめぐりでも、大本《ここ》は引《ひ》き請《う》けて遣《や》るなれど、慮見《りようけん》を持《も》ち代《か》えて来《き》て呉《く》れんと、是《これ》からは今迄《いままで》の如《よ》うに思《おも》うて来《く》ると、何《なん》と無《な》く気《き》遣《づか》いで、めぐりを祓《はろ》うて貰《もら》う所《とこ》まで辛抱《しんぼう》を能《よ》う致《いた》さんぞよ。

この高天原《たかあまはら》へ、何《なに》も構《かま》わずに上《あ》がりて来《き》ても、其《そ》の行状《おこない》が出来《でき》んと、途中《とちゆう》で変《か》わるような事《こと》では、却《かえ》って神界《しんかい》にめぐりを積《つ》む事《こと》になるぞよ。

初発《しよつぱつ》は好《よ》くても、後縮《しりすぼま》りは、艮《うしとら》の金神《こんじん》見《み》る眼《め》が辛《つら》いから、初発《しよつぱつ》から充分《じゆうぶん》に心得《こころえ》て、誠《まこと》の御《お》道《みち》を一足《ひとあし》一足《ひとあし》と、段々《だんだん》に高天原《たかあまはら》へ上《あ》げて貰《もら》う様《よう》に、謹慎《つつし》みて、油断《ゆだん》の無《な》き如《よ》うに、身魂《みたま》を研《みが》いて下《くだ》されよ。

高天原《たかあまはら》の神《かみ》のお席《せき》へ列《つら》ねて頂《いただ》けば、人民《じんみん》は神《かみ》の分身魂《わけみたま》であるから、何《ど》んな事《こと》でも出来《でき》るようの神徳《おかげ》が授《さず》かるので在《あ》るぞよ。

今《いま》では未《ま》だ判《わか》りて居《お》らんから、左程《さほど》には無《な》いなれど、天晴表面《あつぱれおもて》に現《あら》われたら、モウ一度《いちど》身魂《みたま》を審査《あらため》るから、撰《よ》り出《い》だすと、気《き》の毒《どく》な身魂《みたま》が沢山《たくさん》に有《あ》るから、其処《そこ》へ成《な》りて来《き》て、余《あま》り明白《ありやか》に審別《わける》と可愛想《かわいそう》なから、各自《めいめい》に判《わか》らん中《うち》に心得《こころえ》て置《お》かんと、恥《は》ずかしき事《こと》が出来《しゆつたい》いたすぞよ。

余《あま》り面向《めむき》で申《もう》すと、誰《たれ》も能《よ》う立《た》ち寄《よ》らんから、口《くち》と筆《ふで》とで曳《ひか》えるだけは扣《ひか》えて、知《し》らして置《お》くぞよ。

今度《このたび》の七社《しちしやま》参拝《いり》の御供《おとも》は、我《われ》も私《わし》もと申《もう》して参拝《さんぱい》いたすのは結構《けつこう》では在《あ》れども、変性男子《へんじょうなんし》と変性女子《へんじょうにょし》と、竜宮《りゅうぐう》の音霊観殿《おとひめどの》と禁闕金《きんかつかね》の神殿《かみどの》と、四魂揃《しこんそろ》うた御礼《おんれい》やら、三代《さんだい》の世継《よつぎ》を授《さず》けて貰《もろ》うた御礼《おんれい》やら、結構《けっこう》に神界《しんかい》の経綸《しぐみ》の成就《じょうじゅ》いたした大望《たいもう》な事《こと》の御礼《おんれい》やら、弥仙山《しゅみせんざん》で神界《しんかい》の岩戸《いわと》を開《ひら》いた御礼《おんれい》やら、産土《うぶすな》、氏神《うじがみ》さまに国々所々《くにぐにところどころ》の氏子《うじこ》を構《かも》うて貰《もら》う願《ねが》いやら、大望《たいもう》な神業《こと》ばかりで在《あ》るから、何《なに》に付《つ》けても斯《こ》の大本《おほもと》の御用《ごよう》は気《き》づかいな事斗《ことばか》りで、人民《じんみん》には一寸《ちょつと》も知《し》らん事《こと》で在《あ》るから、昔《むかし》から未《ま》だ斯《こ》の世《よ》に無《な》き事《こと》やら、人民《じんみん》の知《し》らぬ事《こと》を先《さき》に知《し》らして、世界《せかい》の人民《じんみん》に改心《かいしん》をさせて、三千世界《さんぜんせかい》を一《ひと》つに丸《まる》めて、日本《にほん》とがいこくとの身魂《みたま》を立《た》て分《わ》けて、日本《にほん》の御魂《みたま》は、開発統一楽天清浄魂《やまとだましい》ばかりを撰《よ》り抜《ぬ》きて、日本《にほん》は神国《しんこく》、霊主体従《ひのもと》で在《あ》ると云《い》う事《こと》を、斯《こ》大本《こ》から世界《せかい》へ模範《てほん》を出《だ》して見《み》せねば成《な》らぬ所《ところ》であるから、今《こん》度《ど》七社《しちしや》の神《かみ》へ御礼参拝《おんれいまいり》を致《いた》すのは、昔《むかし》から無《な》き事《こと》の、深《ふか》い因縁《いんねん》の在《あ》る大望《たいもう》な神業《こと》であるから、余程皆《よほどみな》が清《きよ》らかな心《こころ》に復《な》りて、後戻《あともど》りをせぬように心得《こころえ》なされよ。

変性男子《へんじようなんし》と変性女子《へんじようによし》も、薩張《さつぱ》り守護《しゆご》が代《か》わりて、坤《ひつじさる》の金神《こんじん》の守護《しゆご》と成《な》りた御礼《おんれい》やら、又此《またこ》の先《さき》の日本《にほん》と露国《ろこく》との大戦《おおたたか》いや、世界中《せかいじゆう》の大戦争《おおいくさ》の御幽助《おたすけ》の御願《おねが》いや、色々《いろいろ》の深《ふか》い経綸《しぐみ》の御礼《おんれい》の参拝《さんぱい》であるから、今度《こんど》の参拝《さんぱい》の御供《おとも》いたした人《ひと》に、能《よ》く言《い》い付《つ》けておくぞよ。今度《こんど》の御供《おとも》を致《いた》してから、心間違《こころまちが》いやら、神《かみ》の気勘《きかん》に叶《かな》わぬ事《こと》がありたら、誰彼《たれかれ》に由《よ》らず、是《これ》からは酷《きび》しき懲戒《みせしめ》をいたすから、此《こ》の心得《こころえ》を胸《むね》に離《はな》さぬ様《よう》に致《いた》されよ。

御供《おとも》さえ致《いた》したら、直《す》ぐに良《よ》い利益《りやく》が貰《もら》えるように思《おも》うて居《お》ると、慮見《りようけん》が違《ちが》うぞよ。まだまだ是《これ》から世界《せかい》が悪《わる》く成《な》りて来《く》るから、我一人《われひとり》の御蔭《おかげ》を頂《いただ》く所《ところ》へは行《い》かんから、出口《でぐち》の手《て》で気《き》を付《つ》けておくぞよ。

三千世界《さんぜんせかい》の世《よ》の立替《たてか》えで有《あ》るから、我身《わがみ》の都合《つごう》の良《よ》い事《こと》ばかりを待《ま》ちて居《お》りても、一旦世界《いったんせかい》が九分九厘《くぶくりん》まで行《い》くから、松《まつ》の心《こころ》で神《かみ》の道《みち》に歩《あゆ》みて居《お》らんと、ジリジリ煩悶《もだえ》いたす事《こと》が出《で》て来《く》るぞよ。

大正七年旧正月二十三日

艮《うしとら》の金神国常立尊《こんじんくにとこたちのみこと》が、変性男子《へんじょうなんし》の身魂《みたま》の出口直《でぐちなお》の手《て》を籍《か》り口《くち》を籍《か》りて、明治《めいじ》の二十五年《ねん》から、今《いま》に引《ひ》き続《つづ》いて知《し》らして置《お》いた事《こと》が、何《なに》も彼《か》も、一度《いちど》に破裂《はれつ》いたす時節《じせつ》が近《ちか》よりて来《き》たから、何時《いつ》までも我《が》を張《は》り、慾《よく》に迷《まよ》うて、利己主義《われよし》の行《や》り方斗《かたばか》り致《いた》して居《お》る守護神《しゅごじん》よ、人民《じんみん》よ、茲《ここ》までに神《かみ》が気《き》を付《つ》けて与《や》りて居《お》るのを、何時《いつ》も啼《な》く烏《からす》の如《よ》うに思《おも》うて油断《ゆだん》を致《いた》して居《お》ると、思《おも》い掛《が》け無《な》い事《こと》が出来《しゅったい》いたして、ビックリ虫《むし》が出《で》るぞよ。

小《ちい》さい取《と》り違《ちが》いでは無《な》い、余《あま》り大《おお》きな取《と》り違《ちが》いで、腰《こし》が抜《ぬ》けて腮《あご》が外《はず》れて、物《もの》も碌々《ろくろく》に言《い》われず、アフンと致《いた》して、よッ這《ば》いに成《な》りて苦《くる》しむ如《よ》うな事《こと》が出来《しゅったい》いたすぞよと、毎度《まいど》申《もう》して知《し》らして在《あ》る事《こと》の実地《じっち》が、現《あら》われて来《く》るに近《ちこ》うなりて来《き》たぞよ。

今迄《いままで》の人民《じんみん》は、神《かみ》が良《よ》い可減《かげん》な嘘《うそ》を申《もう》して、人民《じんみん》を恐喝《おどす》ように思《おも》うて、誠《まこと》に信《し》て居《お》らんから、今《いま》に神《かみ》が知《し》らして気《き》を付《つ》けるのであるぞよ。嘘《うそ》の事《こと》なら、是《これ》だけ何《い》時《つ》までも執念強《くどう》は申《もう》しは為《せ》んぞよ。実地《じっち》が一度《いちど》に突発《なり》て来《き》たら、何《ど》うにも斯《こ》うにも仕様《しよう》の無《な》い事《こと》が日本《にほん》の国《くに》にも実顕《でけ》るから、万古《まんご》末代《まつだい》モウ取《と》り返《かえ》しの出来《でき》ん事《こと》であるから、是《これ》だけに気《き》を付《つ》けるので在《あ》るぞよ。
日本《にほん》の霊主体従国《ひのもと》に、余《あま》りの災過《こと》が出現《あり》ては成《な》らんから、初発《しょっぱつ》から、日本《にほん》の守護《しゅご》
神《じん》と人民《じんみん》が皆揃《みなそろ》うて大和 魂《やまとだましい》に復《なら》んと、此《こ》の結構《けっこう》な神国《しんこく》に産霊《わか》して貰《もろ》うて、是《これ》ほ
ど結構《けっこう》な教《おし》えを、口《くち》に含《くま》める如《よ》うに言《い》い聞《き》かして貰《もろ》うても、余《あま》り悪心《あくしん》が強《つよ》うて、
利己主義《われよし》で、チットモ神《かみ》の申《もう》す事《こと》が耳《みみ》へ這入《はい》らんとは、誠《まこと》に天地《てんち》の神《かみ》へ恐《おそ》れの程《ほど》
が勿体無《もったいの》うて、冥加《みょうが》に尽《つ》きるぞよ。
日本《にほん》の国《くに》は、世界中《せかいじゅう》に亦《また》と無《な》い結構《けっこう》な神国《しんこく》であれども、今《いま》の人民《じんみん》は冥加《みょうが》が尽《つ》きて
居《お》るから、がいこくの方《ほう》が、何《なに》も彼《か》も日本《にほん》よりは良《よ》いと申《もう》して、是《これ》までに、がい

こくじんに精神《こころ》から従《したご》うて了《しも》うて、今《いま》の日本《にほん》の上下《うえした》の体裁《ていさい》、往《ゆ》きも還《かえ》りも出来《でき》よまいがな。

茲《ここ》へ成《な》る事《こと》が、神《かみ》は能《よ》く分《わ》かりて居《お》るから、昔《むかし》から因縁《いんねん》の深い変性男子《へんじようなんし》の身魂《みたま》に、永《なが》らくの苦労艱難《くろうかんなん》を命《さ》して、この大望《たいもう》が在《あ》る故《ゆえ》に、神《かみ》の世《よ》一代《いちだい》の御魂《みたま》の致《いた》した苦《く》労《ろう》と申《もう》すものは、口《くち》や筆《ふで》では尽《つ》くされぬ如《よ》うなエライ目《め》に逢《お》うて来《き》て、其《そ》の上《うえ》で、現世《このよ》へ一寸出《ちよいとだ》して貰《もろ》うたと思《おも》えば、一層辛《いっそうつら》い目《め》に逢《お》うて来《き》た御魂《みたま》であるが、今度《こんど》は出口直《でぐちなお》に生《う》まれ代《か》わりて来《き》て、結構《けっこう》な神政成就天下統一《よのたてなおし》の御用《ごよう》を奉仕《いた》すので在《あ》るなれど、一通《ひととお》りの事《こと》を致《いた》して居《お》りては成就《じようじゆ》いたさぬから、中々《なかなか》に骨《ほね》の折《お》れた事《こと》であるぞよ。天地《てんち》の先祖《せんぞ》の誠《まこと》の御用《ごよう》は、チット優秀《ちごう》た身魂《みたま》でないと成就《じようじゆ》は致《いた》さんぞよ。

是《これ》までの行《や》り方《かた》は、日本《にほん》の国民《くに》が、がいこく風《ふう》に化《な》りて了《しも》うて、世《よ》に出《で》て居《お》れる守護神《しゆごじん》が皆体主霊従《みなからみたま》であるから、日本魂《やまとだましい》の生粋《きつすい》が只《ただ》の一厘《いちりん》より無《な》いぞよ。九分《くぶ》九厘《くりん》が皆向《みなむこ》う方《がた》であるから、実地《じつち》を神《かみ》が始《はじ》めると、中々《なかなか》の大望《たいもう》であるから、何《なに》に付《つ》けても骨《ほね》の折《お》れる大事業《こと》であるぞよ。

日本人《にほんじん》の身魂《みたま》が薩張《さつぱ》り、がいこくじんの身魂《みたま》に成《な》り切《き》りて居《お》るから、是《これ》ほど世界《せかい》の苦《くる》しみが多《おお》く成《な》りて来《く》るのであるぞよ。それで神界《かげ》から、日本《にほん》の人民《じんみん》に早《はや》く精《こ》神《ころ》を入《い》れ直《なお》せと申《もう》して、是《これ》ほど直々《じきじき》の取次《とりつぎ》に、永《なが》い間《あいだ》の苦《くる》しみを命《さ》せて居《お》るぞよ。

今《いま》の世《よ》の中《なか》は、体主《か》霊従《ら》の身魂《みたま》に、皆《みな》の人民《じんみん》が化《な》りて了《しも》うて居《お》るから、尻《しり》へ手《て》の廻《まわ》る守護神《しゅごじん》は在《あ》るまいがな。テンと行《ゆ》き当《あ》たりた折《おり》には、何《ど》うする積《つ》もりじゃ。前後《あとさき》も構《かま》わずに、行《ゆ》き放題《ほうだい》の仕《し》放題《ほうだい》の行《や》り方《かた》、トンと約《つま》りた折《おり》には何《ど》うする事《こと》も出来《でき》は致《いた》さんが、斯《こ》んな行《や》り方《かた》で、何時《いつ》までも続《つづ》くと思《おも》うて居《お》るのか、程度《ほど》があるぞよ。

是《これ》から先《さき》に、何事《なにごと》が出来《しゅったい》いたしても、騒《さわ》がず、狼狽《うろた》えずに、斯《こ》う成《な》りたら彼《ああ》する、彼《ああ》なりたら斯《こ》うするという、確固不抜《たしか》な経綸《しぐみ》が判《わか》りて居《お》らずに、行《ゆ》き放第《ほうだい》の行《や》りカンボウでは、トンと行《い》き詰《つ》まりた折《おり》には、人民《じんみん》が皆《みな》、飢餓《かつえ》に及《およ》ぶ事《こと》が出《で》て来《く》るぞよ。

ちくしょう国《ぐに》の如《よ》うに、終《しま》いには、人民《じんみん》を餌食《えば》に為《せ》んならん如《よ》うな事《こと》が出来《でき》ようも知《し》れんが、何程《なにほど》約《つま》りて来《き》ても、日本《にほん》の国《くに》は、友喰《ともぐ》いと云《い》う如《よ》うな事《こと》は出来《でき》んぞよ。本《もと》は神国《しんこく》の霊主体従《ひのもと》であるから、土壌《おつち》を大切《たいせつ》に致《いた》して、一鍬《ひとくわ》でも草《くさ》を生《は》やして荒《あ》らす事《こと》は成《な》らんと云《い》う事《こと》が、筆先《ふでさき》で初発《しょっぱつ》から知《し》らして在《あ》るぞよ。

お土《つち》から出来《でき》た物《もの》であれば、ドンナ物《もの》を喰《く》ても辛抱《しんぼう》が出来《でき》るから、大根《だいこん》の株《めん》でも、尻尾《しりお》でも、赤葉《あかば》でも、常《つね》から粗末《そまつ》にするで無《な》いぞよと申《もう》して、毎度《まいど》気《き》を付《つ》けてあるぞよ。平生《つね》から心得《こころえ》の良《よ》いものは、最后《まさか》の時《とき》に能《よ》く判《わか》るぞよ。お土《つち》を大切《たいせつ》に思《おも》う人《ひと》は、神《かみ》が天地《てんち》から何時《いつ》も見届《みとど》けて在《あ》るぞよ。天地《てんち》の神《かみ》から誠《まこと》の神力《しんりき》を頂《いただ》いて居《お》る人《ひと》は、正勝《まさか》の時《とき》には、余《あま》り困《こま》りは致《いた》さぬぞよ。

天地《てんち》の大神《おおかみ》を、真実誠《まこと》一《ひと》つの心《こころ》で信心致《しんじんいた》す身魂《みたま》で在《あ》りたら、何程難渋《なにほどなんじゅう》な中《なか》でも、神《かみ》が握《つ》まみ上《あ》げて与《や》るなれど、他人《ひと》は何《ど》うなろうが、我《われ》さえ信心《しんじん》いたして良《よ》く為《し》て貰《もら》いたいと云《い》うような、未熟《みじゅく》な精神《こころ》では、十分《じゅうぶん》な守護《こと》は無《な》いから、万度参《まんどまい》りを致《いた》したとて、実地《じっち》が出《で》て来《き》てからの改心《かいしん》は、間《ま》に合《あ》わんなれども、改心《かいしん》さえ出来《でき》たなら、今日《きょう》の間《ま》にでも、善《ぜん》の方《ほう》へ代《か》えて遣《や》るから、一日《いちにち》も早《はや》く、天地《てんち》へ御詫《おわ》び

を申《もう》して、許《ゆる》して貰《もら》うより外《ほか》に仕様《しよう》は無《な》いから、発根《ほつごん》と心《こころ》を持《も》ち直《なお》すより仕様《しよう》は
ないぞよ。

悪《わる》い事《こと》の為《し》放題《ほうだい》を致《いた》して置《お》いて、モウ兎《と》ても叶《かな》わんように成《な》りて来《き》たと申《もう》して、
天地《てんち》の大神《おおかみ》へ御《お》詫《わ》びを致《いた》すのは、チト遅《おそ》いなれど、外《ほか》に良《よ》い方法《ほうほう》はモウ無《な》いぞよ。
がいこくの守護神《しゅごじん》が、何時《いつ》までも体主霊従《あくよ》の世《よ》が続《つづ》くように思《おも》うて、向《むこ》うの国《くに》の
今《いま》の経綸《やりかた》で、日本《にほん》へ攻《せ》めて来《き》て、一戦《いちころ》下《とり》に奪略《とり》て、世界中《せかいじゅう》を我《われ》の物《もの》に致《いた》す仕組《しぐみ》を
為《し》て居《お》るなれど、今度《こんど》は何方《どちら》の国《くに》も叶《かな》わん処《とこ》まで行《い》くなれど、向《むこ》うの国《くに》の悪神《あくがみ》の
目的《もくてき》は、トコトンまで戦《や》って行《や》り了《お》うせて、向《むこ》うの国《くに》の大将《たいしょう》の遊園地《あそびどころ》に致《いた》して、

世界中《せかいじゅう》を悪神《わるがみ》の頭《かしら》の領有《もの》と致《いた》して、モウ一段上《いちだんうえ》へ上《あ》がりて、王《おう》の王《おう》に成《な》りて、末代《まつだい》の世《よ》を此《こ》の儘《まま》で続《つづ》かして行《や》ろうとの、大《おお》きな計略《たくみ》を致《いた》して居《お》るぞよ。

今度《こんど》の二度目《にどめ》の世《よ》の立替《たてか》えは、末代《まつだい》に一度《いちど》より為《し》られん大望《たいもう》な事《こと》であるから、向《むこ》うの国《くに》の仕組《しぐみ》は、ひととおりの霊魂《みたま》では能《よ》うせん深《ふか》い経綸《しぐみ》を仕《し》て居《お》るから、日本《にほん》の人民《じんみん》の今《いま》の精神《しょうらい》では、日本《にほん》の昔《むかし》の本《もと》の生神《いきがみ》の経綸《しぐみ》がして無《な》かりたら、何《ど》うも斯《こ》うも無《な》しに、一転倒《いちころ》に奪取《とら》れて了《しま》うぞよ。けれども日本《にほん》は神国《しんこく》であるから、がいこくの霊魂《みたま》では、出来《でき》も解《わか》りも致《いた》さん経綸《しぐみ》が為《し》てあるから、日本《にほん》の元《もと》の一輪《いちりん》の霊《み》魂《たま》には、到底叶《とうていかな》わんぞよ。

日本《やまと》身魂《みたま》の生神《いきがみ》が、御《お》一方《ひとかた》御出坐《おでまし》に成《な》って御守護《ごしゅご》在《あ》り出《だ》しても、がいこくの身魂《みたま》は、往生《おうじょう》いたさな成《な》らん経綸《しぐみ》が致《いた》してあるから、筆先《ふでさき》の初発《しょっぱつ》に書《か》かしてある事《こと》を、又《また》繰《く》り返《かえ》して書《か》かして知《し》らして置《お》くから、立替《たてか》えも立直《たてなお》しの経綸《しぐみ》も、チットも変《か》わりは致《いた》さんぞよ。何時《いつ》になりても同《おな》じ仕組《しぐみ》で在《あ》るから、途中《とちゅう》に変《か》わるような浅《あさ》い経綸《しぐみ》は、日本《にほん》の国《くに》には為《し》てないぞよ。

一度《いちど》筆先《ふでさき》に出《だ》したら、其《そ》の通《とお》りがはじまりて来《く》るから、○○の改心《かいしん》さえ出来《でき》たら早《はや》く良《よ》く成《な》るなり、頑《が》固を張《は》りて居《お》りたら、約《つま》らん事《こと》が出来《でき》るなり、一度《いちど》言《い》い聞《き》かしたら、違《ちご》うた事《こと》は無《な》いから、可成《なるべ》くは改心《かいしん》をさして、善《ぜん》へ立《た》ち復《かえ》らして、日《に》本《ほん》の国《くに》に産霊《わか》した身魂《みたま》は、ドウゾして成《な》りとも日本《にほん》の国《くに》に置《お》いて遣《や》りたいと思《おも》うて、是《これ》まで永《なが》らく知《し》らして在《あ》れど、向《むこ》うの国《くに》の性来《しょうらい》に化《な》り切《き》りて居《お》るので、誠《まこと》と云《い》う事《こと》が薬《くすり》にする程《ほど》も無《な》く、他人《ひと》は何《ど》うなろう共《とも》、チットも頓着《とんじゃく》せずに、利己主《われよ》義《し》の悪《あく》の性来《しょうらい》であるから、悪《わる》い事《こと》ならドンナ奸計《たくみ》もいたすなり、人《ひと》の困《こま》る事《こと》なら何程《なん》でも平気《へいき》で致《いた》すから、善《よ》し悪《あ》しを天晴《あっぱれ》立《た》て別《わ》けて、身魂《みたま》を薩張《さっぱ》り露《あら》わして、実地《じっち》の神界《かみ》の仕組《しぐみ》を為《し》て見《み》せて、正体《しょうたい》を露《あら》わして遣《や》らん事《こと》には、何時《いつ》までも神《かみ》の威勢《いせい》は判《わか》らんぞよ。

斯《こ》の結構《けっこう》な日本《にほん》の神国《しんこく》を、斯《こ》の如《よ》うな醜悪《みぐるし》き有様《こと》に致《いた》して、悪《あく》の頭《かしら》の皮《かわ》を脱《む》いで、全部化《すっくりば》けを現《あら》わして了《しま》うぞよ。

日本《にほん》の国《くに》は、二度目《にどめ》の天《あま》の岩戸《いわと》開《びら》きを致《いた》して、日本《にほん》は日本《にほん》の誠《まこと》の御血筋《おちすじ》と、元《もと》の天照大御神様《みろくさま》の世《よ》へ神政《よ》を捻直《ねじなお》して、世《よ》の大本《もと》からの御血筋《おちすじ》で、万古《まんご》末代《まつだい》世《よ》を建《た》てて行《い》く世《よ》が参《まい》りて来《き》たから、体主霊従霊魂《からのみたま》の世《よ》の末《すえ》であるから、可《よ》い加減《かげん》に往《おう》生《じょう》いたすが徳《とく》であるぞよ。

如何《どない》な悪神《あくがみ》の頭《かしら》が強《つよ》うても、此《こ》の先《さき》は、天地《てんち》の元《もと》の御血筋《おちすじ》には到底《とても》叶《かな》わんから、此《こ》の経綸《しぐみ》の邪魔《じゃま》を致《いた》すような守護神《しゅごじん》は、二度目《にどめ》の世《よ》の立替《たてか》えの規則通《きそくどお》りに制配《せいばい》を致《いた》さな成《な》らんから、今度《こんど》の神界《かみ》の規則《きそく》は酷《きび》しいから、是迄《これまで》の心《こころ》をみな持《も》ち代《か》えるように、明治《めいじ》二十五年《ねん》から昼夜《ちゅうや》に気永《きなご》う知《し》らしてあるぞよ。

此《こ》のさきは、一度《いちど》で素直《すなお》に聞《き》いて改心《かいしん》いたす身魂《みたま》で無《な》いと、是《これ》からは、今《いま》までの神界《しんかい》とは大変《おおか》わりが致《いた》すぞよ。それで取《と》り返《かえ》しが成《な》らんから、是《これ》ほど厳《きび》しく申《もう》して、何時《いつ》までも気《き》を付《つ》けるので在《あ》るぞよ。

是迄《これまで》の体主霊従《あく》と利己主義《われよし》の行《や》り方《かた》を、薩張《さっぱ》り立替《たてか》えて了《しま》わんと、是《これ》からは向《むこ》うを向《む》いて歩行《あるけ》んように酷《きび》しく為《な》るぞよ。

今《いま》までは地《ち》の上《うえ》に、誠《まこと》の大将《たいしょう》が無《な》い如《よ》うに為《し》て在《あ》りたから、ドンナ無茶《むちゃ》な事《こと》をして居《お》りても、恐《こわ》いもの無《な》しの世《よ》で、暗夜《くらやみ》で威張《いば》りて、今《いま》の世界《せかい》の此《こ》の有様《ありさま》、惨《むご》い事《こと》に世《よ》が乱《みだ》れたものであるぞよ。

斯《こ》の世《よ》を、昔《むかし》の天照大御神様《みろくさま》の神政《よ》に復古《もど》して、日本《にほん》の国《くに》を霊主体従《ひのもと》で建《た》てて行《い》かねば、天地《てんち》の直接《じきじき》の御系統《おちすじ》で、万世一系天壌無窮《どこまでも》チットも混血無《まぜりな》しの世《よ》に致《いた》す経綸《しぐみ》であるから、爰《ここ》までに来《く》るのには、ひととおりの身魂《みたま》では能《よ》う辛抱《しんぼう》を致《いた》さんぞよ。

爰《ここ》までに日本《にほん》の国《くに》を自由《じゆう》に為《し》られて、実地《じっち》の大本《もと》を、無《な》いも同様《どうよう》にいたして置《お》いて、末代《まつだい》の世《よ》を、未《ま》だ此《こ》の儘《まま》で行《や》りて往《ゆ》こうとの悪智恵《わるぢえ》を搾《しぼ》り出《だ》して、前後構《あとさきかま》わず一生懸命《いっしょうけんめい》に気張《こばり》て居《お》るが、到底成就《とてもじょうじゅ》は九分九厘《くぶくりん》の処《ところ》で致《いた》さん、気《き》の毒《どく》なもので在《あ》るぞよ。

二度目《にどめ》の世《よ》の立替《たてか》えを致《いた》すには、日本《にほん》の国《くに》を大本《もと》から薩張《さつぱ》り改革《あらた》めて、世《よ》の元《もと》の根本《こんぽん》の御血筋《おちすじ》で、善一筋《ぜんひとすじ》で立《た》てて行《い》かねば、一寸《ちよつと》でも、微塵《みじん》ほどでも悪神《あくがみ》の血筋《ちすじ》が混合《まぜり》たならば、又《また》チット世《よ》が経《く》れて行《い》くと、其《そ》の悪《あく》の血筋《ちすじ》が段々《だんだん》と栄《さか》えて来《き》て、目的《もくてき》が出来《でき》るから、悪《わる》い方《ほう》へは誰《たれ》も付《つ》き良《よ》いから、悪《あく》の胤《たね》は今度《こんど》は残《のこ》らず平《たい》らげて了《しも》うて、二度目《にどめ》の世《よ》の規則通《きそくどお》りに、善一《ぜんひと》つの道《みち》に為《し》て了《しま》うぞよ。そうして置《お》いて、外国《がいこく》へ善《ぜん》の模範《てほん》を見《み》せて、悪《あく》の頭《かしら》を改心《かいしん》さして助《たす》けて与《や》らねば、日本《にほん》の神《かみ》と人民《じんみん》の天職《やく》が済《す》まんのであるぞよ。

モウ是《これ》からは、悪《あく》の性来《しょうらい》の醜《みぐる》しき身魂《みたま》は、日本《にほん》の国《くに》は申《もう》すに及《およ》ばず、斯《こ》の世界《せかい》の御地《おつち》の上《うえ》には、一寸《いっすん》の場所《とこ》にも置《お》かれん事《こと》に末代《まつだい》の規則《きそく》が制定《きま》るから、チットでも混《ま》じりがありたら、撰《よ》り出《だ》して厳重《げんじゅう》に戒《いまし》めを致《いた》すぞよ。斯《こ》の世《よ》は天地《てんち》の大神《おおかみ》の世《よ》であるから、外《ほか》の身魂《みたま》では立《た》ちては行《い》かんから、是《これ》から先《さき》の世《よ》は、何《ど》の身魂《みたま》でもと云《い》う事《こと》には行《い》かんぞよ。

茲《ここ》へ成《な》りて来《く》る事《こと》は、初《はじ》めから能《よ》く判《わか》りて居《お》るから、外《ほか》の身魂《みたま》に永《なが》らくの間気《あいだき》が付《つ》けて、口《くち》で含《くま》めるように、言葉《ことば》と筆先《ふでさき》で知《し》らしてある通《とお》りに、世界《せかい》の事《こと》が実現《で》て来《く》るから、守護神《しゅごじん》も人民《じんみん》も大《おお》きな間違《まちが》いが出来《でき》て来《く》るぞよ。世界《せかい》のビックリ箱《ばこ》が明《あ》くと申《もう》して毎度《まいど》知《し》らしてあるが、何彼《なにか》の時節《じせつ》が参《まい》りて、世界中《せかいじゅう》の大騒動《おおさわぎ》と成《な》るぞよ。向《む》うの国《くに》にも、日本《にほん》の身魂《みたま》にも、大部《だいぶ》困《くる》しむ事《こと》があるぞよ。

日本《にほん》の国《くに》が、がいこくの身魂《みたま》と同《おな》じ事《こと》になりて居《お》るから、天地《てんち》のビックリ箱《ばこ》を明《あ》けて、一度《いちど》に眼《め》を覚《さ》ましてやらねば、余《あま》り悪《わる》シブトウて、改心《かいしん》の出来《でき》かけが致《いた》さんぞよ。

茲《ここ》まで色々《いろいろ》と致《いた》して、気《き》を付《つ》けて知《し》らしたからは、是《これ》に落度《おちど》はヨモヤ有《あ》ろまい。

天地《てんち》の元《もと》の生神《いきがみ》、昔《むかし》から其《そ》の儘《まま》で肉体《にくたい》のある、末代変《まつだいか》わらぬ誠《まこと》の神《かみ》が斯《こ》の世《よ》を治《おさ》めてやらんと、又途中《またとちゅう》で国家《くに》が無《な》いようになるから、今度《こんど》の世界《せかい》の立替《たてか》えは根本《こんぽん》から行《や》り変《か》えて了《し》うて、万古末代《まんごまつだい》の政治《こと》を定《き》めるので在《あ》るから、何《なに》に付《つ》けても大《たい》望《もう》ばかりであるぞよ。

天地《てんち》の岩戸《いわと》が開《ひら》ける時節《じせつ》に廻《な》りて来《き》たから、世《よ》に出《で》て居《お》れる方《ほう》の守護神《しゅごじん》や、上《うえ》の人民《じんみん》には解《わか》らぬ事《こと》で在《あ》るから、誰《たれ》にも解《わか》らん大望《たいもう》な、言《い》うに言《い》われず、説《と》くに説《と》かれん火水《ひみつ》の経綸《しぐみ》であるから、途中《とちゅう》の鼻高《はなだか》が何程《なんぼ》シャチに成《な》りて考《かんが》えても、解《わか》りかけが致《いた》さんのが当《あ》たり前《まえ》であるぞよ。

此大本《ここ》の変性男子《へんじょうなんし》と女子《にょし》とに書《か》かす筆先《ふでさき》は、何程智恵《なにほどちえ》や学《がく》のある人民《じんみん》でも、神徳《しんとく》が無《な》かりたら皆逆様《みなさかさま》に取《と》れるから、夫《そ》れで慢心《まんしん》は大怪我《おおけが》の本《もと》と申《もう》して、何時《いつ》も気《き》が付《つ》けてありたぞよ。細工《さいく》は流々《りゅうりゅう》、仕上《しあ》げた所《ところ》を見《み》て貰《もら》わんと、今《いま》から何《なに》も解《わか》りは致《いた》さんぞよ。それで素直《すなお》に神《かみ》の申《もう》す様《よう》に致《いた》せと申《もう》してあるぞよ。

斯《こ》んな経綸《しぐみ》が全部《すつくり》今《いま》の鼻高《はなだか》に解《わか》りたら、途中《とちゆう》から邪魔《じやま》が這入《はい》りて、三千年《さんぜんねん》の経綸《しぐみ》が、百日《ひやくにち》の説法《せつぽう》屁《へ》一発《ひとつ》にも成《な》らん事《こと》になるから、滅多《めつた》な事《こと》は致《いた》して無《な》いぞよ。世界《せかい》に出来《でき》て来《く》る日々《にちにち》の事《こと》を考《かんが》えて見《み》て、明治《めいじ》二十五年《ねん》からの筆先《ふでさき》を、赤心《まごころ》で調《しら》べたら、大抵《たいてい》の事《こと》は解《わか》りかけるなれど、それも一寸《ちよつと》でも慢神《まんしん》が出《で》たら、何《なに》も解《わか》らぬように成《な》る仕組《しぐみ》であるぞよ。

二度目《にどめ》の世《よ》の立替《たてか》え、立直《たてなお》しを致《いた》して了《しも》うたら、守護神《しゆごじん》にも人民《じんみん》にも、何彼《なにか》の事《こと》が能《よ》く解《わか》るように致《いた》して在《あ》れど、今《いま》の人民《じんみん》は皆霊魂《みなみたま》が曇《くも》り切《き》りて、がいこくの物《ぶつ》質《しつ》の学《がく》に沈溺込《はまりこ》んで居《お》るから、何一《なにひと》つ解《わか》らんぞよ。直《す》ぐに解《わか》るような浅《あさ》い教《おし》えでありたら、到底万古末代続《とてもまんごまつだいつづ》く経綸《しぐみ》とは申《もう》されんぞよ。今《いま》の人民《じんみん》の心《こころ》を薩張《さつぱ》り入《い》れ替《か》えて、新《さら》つの心《こころ》に持《も》ち替《か》えて居《お》らんと、是迄《これまで》の心《こころ》では今《いま》にとち面貌《めんぼう》を振《ふ》るぞよ。天地《てんち》の吃驚箱《びつくりばこ》が開《あ》くのは、ドンナ事《こと》かと云《い》う事《こと》は、今《いま》の守護神《しゅごじん》、人民《じんみん》が何程賢《なにほどかしこ》うても解《わか》らん事《こと》であるから、今《いま》に大《おお》きな取《と》り違《ちが》いがあるから、筆先《ふでさき》に細々《こまごま》と能《よ》く解《わか》るように書《か》かしてあるなれど、一柱《ひとり》も知《し》りた神《かみ》も人民《じんみん》も無《な》いので、今度《こんど》の二度目《にどめ》の世《よ》の立替《たてか》えは、一通《ひととお》りや二通《ふたとお》りや、百通《ひゃくとお》りの骨折《ほねお》りでは無《な》いぞよ。

余《あま》り古《ふる》い事《こと》の深《ふか》い事《こと》ばかりが書《か》かしてあるから、今《いま》の守護神《しゅごじん》や人民《じんみん》の霊体《ちから》では、百年《ひゃくねん》かかりても解《わか》りそうな事《こと》はないぞよ。是《これ》を解《わ》けたら、天地《てんち》に無《な》い智者《ちしゃ》、学者《がくしゃ》であれど、暗黒《くらがり》の世《よ》の中《なか》で出来《でき》た人民《じんみん》には、肝腎《かんじん》の霊魂《みたま》が曇《くも》りて居《お》るから無理《むり》は無《な》いぞよ。

夫《そ》れで、我《が》を出《だ》したら失策《しくじる》と申《もう》して気《き》が付《つ》けて在《あ》るのに、学《がく》でドンナ事《こと》でも解《わか》ると思《おも》うて、エライ慢心《まんしん》を致《いた》して居《お》るが、いろはの本《もと》を知《し》りて居《お》る守護神《しゅごじん》が無《な》いから、人民《じんみん》には尚解《なおわか》らず、六《むず》カ敷《し》き世《よ》の中《なか》であるから、素直《すなお》に致《いた》して、神《かみ》の申《もう》す事《こと》を致《いた》すと、其《そ》の日《ひ》から心配《しんぱい》なしに暮《く》らせるなり、何事《なにごと》も物《もの》が速《すみ》やかに埒《らち》が着《つ》いて、気楽《きらく》に御用《ごよう》が勤《つと》まるぞよ。

いろは四十八文字《しじゅうはちもじ》の経綸《しぐみ》の判《わか》る身魂《みたま》は、変性男子《へんじようなんし》と変性女子《へんじようによし》の外《ほか》には、世界中《せかいじゅう》を鉦《かね》や太鼓《たいこ》で探《さが》しても今《いま》では無《な》いのであるから、斯《こ》の二《ふた》つの身魂《みたま》が無《な》かりたら、日《に》本《ほん》も世界《せかい》も、是《これ》から先《さき》は潰《つぶ》れるより仕様《しよう》の無《な》い事《こと》になるから、斯《こ》の二人《ふたり》の身魂《みたま》は、天地《てんち》の先祖《せんぞ》の霊体《ちから》の取次《とりつぎ》であるぞよ。

この変性男子《へんじようなんし》と女子《によし》との身魂《みたま》の、昔《むかし》からの誠《まこと》の因縁《いんねん》さえ解《わか》りて来《き》たら、外《ほか》の事《こと》は何《なに》も解《わか》らいでも、今度《こんど》の御用《ごよう》は勤《つと》め上《あ》がるので在《あ》るから、約《つま》らん理窟《こと》を申《もう》して何《い》時迄《つまで》も頑張《がんば》りて居《お》ると、段々解《だんだんわか》らんように成《な》りて来《く》るぞよ。体主霊従《から》の心《こころ》を持《も》ち替《か》えて了《しま》わんと、神《かみ》の申《もう》す事《こと》は皆逆様《みなさかさま》に得《と》れるぞよ。

モウ神《かみ》は、人民《じんみん》の訳《わけ》の判《わか》らん途中《とちゅう》の鼻高《はなだか》に、相手《あいて》に成《な》りて居《お》るような暇《ひま》が無《な》いから、訳《わけ》の解《わか》らん人民《じんみん》は後《あと》へ廻《まわ》しておいて、三千年《さんぜんねん》の仕組通《しぐみどお》りに早《はや》く埒能《らちよ》く致《いた》さんと、是迄《これまで》のような優柔不断《ずんだら》な事《こと》は、モウ為《し》て居《お》れんから、バタバタと致《いた》して、厳重《げんじゅう》に埒《らち》を付《つ》けるから、改心《かいしん》の間《ま》が無《な》いから、一時《いっとき》も早《はや》く覚悟《かくご》を為《な》されよ。

上《うえ》の守護神《しゅごじん》も人民《じんみん》も、チットの取《と》り違《ちが》いでない、根本《こんぽん》からの大間違《おおまちが》いを致《いた》して居《お》るが、モウ神《かみ》も知《し》らせようが無《な》いぞよ。今《いま》の守護神《しゅごじん》も人民《じんみん》も、天地《てんち》の先祖《せんぞ》の思《おも》いがテンで判《わか》らんから、出来上《できあ》がりたらアフンと致《いた》さなならんぞよ。余《あま》り何時《いつ》まで

も体主霊従《からしゅれいじゅう》の精神《こころ》で居《お》ると、後《あと》の悟悔間《こうかいま》に合《あ》わん事《こと》に成《な》るぞよ。人民《じんみん》が何程熱心《なにほどねっしん》

に、神界《しんかい》の事《こと》を研究《けんきゅう》しても、容易《じき》に判《わか》りはせんぞよ。

神《かみ》の事《こと》は、人民《じんみん》で判《わか》るもので無《な》いと云《い》う事《こと》が判《わか》る人民《じんみん》でありたら、夫《そ》れこそまことの神界《しんかい》の判《わか》りた人民《じんみん》であるぞよ。判《わか》りたと申《もう》す人民《じんみん》は、何《なに》も判《わか》りては居《お》らんので在《あ》るぞよ。

あとがき

第三巻には、「神霊界」誌（底本）の大正六年（一九一七）十一月号から同七年四月十五日号までに発表された神諭四十二筆を収めた。

神諭の発表年をつぎのように校訂した。

一、明治三十二年旧六月九日（本文三六ページ）の発表年について、底本には「明治三十一年」とあるが、つぎの理由から、「明治三十二年」と訂正した。

(イ) 本文に「上田殿に手柄さすぞよ」とあるが、上田喜三郎、つまり出口聖師がはじめて綾部裏町の伊助の倉で開祖に会われたのは明治三十一年旧八月二十三日、再度の参綾で大本に入られたのは明治三十二年旧五月二十六日である。

(ロ) 明治三十二年旧四月十二日、旧六月三日・九日・十日・二十日、旧七月三日、旧六

月十八日（本文三二ページから四二ページまで）の神諭は、出口聖師の大本入りにかかわる一連の内容である。

(ハ)　『大本神諭天之巻』も、明治三十二年と訂正している。

二、明治三十三年旧二月三日（本文五三ページ・二筆）の発表年について、底本には「明治三十二年」とあり、火之巻・天之巻も底本のままとしているが、つぎの理由から、「明治三十三年」と訂正した。

(イ)　一、の(イ)でのべたように、出口聖師が大本に入られたのは明治三十二年旧五月二十六日、また本文の「金明霊学」にかかわりのある金明霊学会が組織されたのは同年旧六月二十五日である。

(ロ)　明治三十三年旧正月十五日・旧二月三日（二筆）本文五一ページから五六ページまでの神諭は、金明霊学会にかかわる一連の内容である。

次の伏字「○」の傍注を省略した。

大正六年旧九月三十日の神諭のうち「夫婦を○○○○○○○○、○○○○○○○○○○、御簾を掲げ○○○○○○○○○○申した位で在りたのに」（本文一〇八ページ）の○印には、「このところにじみてわかりません」と傍注がしてあり、また「悪の頭に抱込まれて、洋○○○○○○、」（本文一〇九ページ）の○印には、「にじみてわからぬ」と傍注がしてあるが、本文では省略した。

なお、伏字「○」の前後にある漢字について「洋」（一〇九ページ）、「洋」「沓」「日」「十」（一三五ページ）には、底本にふりがながふされていないので、そのままとした。

出口開祖の書簡を次のような扱いにした。

底本では、大正六年十一月号十五ページの明治三十三年旧八月六日の神諭（本文では五八ページ六行目）のつづきに「明治三十三年三月一日、出口開祖より、京都の近松政之助方へ出張し居れる役員、なんぶまごさぶろうへ送られし御手紙の写し」と注釈がついて、左の書簡が掲載されてあるが、内容が役員にあてた書簡であるため本文より除外した。

『出口《でぐち》から一寸気《ちょつとき》を付《つ》けます。なんぶさん初発《はじめ》に良《よ》い鏡《かがみ》を出《だ》して、綾部《あやべ》は大変《たいへん》な心配《しんぱい》を致《いた》します。結構《けっこう》に治《おさ》まりて結構《けっこう》で御座《ござ》りますが、そんな鏡《かがみ》を外《そと》へ出《だ》して貰《もろ》うたならば、是《これ》からは神様《かみさま》は厳《きび》しう御座《ござ》りますよって、此《こ》の神様《かみさま》は、善《よ》き事《こと》と悪《わる》き事《こと》とを、今度《こんど》分《わ》け成《な》さる神様《かみさま》でござります。今《いま》より先《さき》が大事《だいじ》、自分《われ》さえ良《よ》けら良《よ》いのか、夫《そ》れでは誠《まこと》で無《な》い、綾部《あやべ》はチット違《ちが》いますぞえ。のざきさん（むねなが）に見《み》せなされ、結構《けっこう》な御道《おみち》を開《ひら》き乍《なが》ら、初《はじ》めの行状《ぎょうじょう》……』

昭和五十八年六月三日

大本神諭編纂委員会

おほもとしんゆ（大本神諭）第三巻

昭和五十八年六月三日初版発行
平成二十七年八月一日第九刷発行

編者　大本教典刊行委員会

京都府亀岡市古世町北古世八二―三
印刷兼発行所　株式会社　天声社
電話　〇七七一―二四―七五二三
振替京都　〇一〇一〇―九―二五七五七

ISBN978-4-88756-003-1
定価はケースに表示しています